Albrecht von Boguslawski

Der Krieg in seiner wahren Bedeutung für Staat und Volk

Albrecht von Boguslawski

Der Krieg in seiner wahren Bedeutung für Staat und Volk

ISBN/EAN: 9783744635004

Hergestellt in Europa, USA, Kanada, Australien, Japan

Cover: Foto ©ninafisch / pixelio.de

Weitere Bücher finden Sie auf **www.hansebooks.com**

Der Krieg

in seiner wahren Bedeutung

für

Staat und Volk.

Von

von Boguslawski,
Generallieutenant z. D.

Berlin 1892.
Ernst Siegfried Mittler und Sohn
Königliche Hofbuchhandlung
Kochstraße 68—70.

Inhalts-Verzeichniß.

		Seite
	Einleitung	1
I.	Entstehung des Krieges	10
II.	Der Krieg erzeugt Ehrgefühl, Waffenbrüderschaft und Disziplin. Ihre Einwirkung auf das Staatsleben	14
III.	Der Krieg und das Sittengesetz	20
IV.	Das Heldenthum. Der kriegerische Geist	27
V.	Das Feldherrnthum	34
VI.	Der Krieg in seinen Beziehungen zum bürgerlichen Leben, zur Wissenschaft und Kunst	51
VII.	Der Krieg in seinen verschiedenen Gestaltungen	58
VIII.	Der Krieg und die jetzige Civilisation	68
IX.	Die Arbeit der Sozialdemokraten und Friedensmänner in Bezug auf Krieg und Kriegführung. Die Unausführbarkeit der Vorschläge der letzteren	73
X.	Was können wir erreichen?	102
XI.	Rückblick und Zusammenfassung	106
	Schlußwort	108

Einleitung.

Wohl in keiner Periode der Weltgeschichte hat die Wage so oft zwischen Krieg und Frieden geschwankt wie in den zwanzig Jahren seit Beendigung des gewaltigen Kampfes, welcher die Wiedererrichtung des Deutschen Reiches herbeiführte. Der Wunsch Frankreichs, die von uns zurückgenommenen Provinzen wieder zu gewinnen, die Entwickelung der Dinge im Orient, die politische Haltung Rußlands, und die Leidenschaften, welche im Schoße der meisten slavischen Völkerschaften gähren, haben einen beispiellosen Zustand der Bewaffnung und Rüstung in Europa herbeigeführt.

Noch niemals haben die Erfordernisse des Heerwesens so tief in das bürgerliche und nationale Leben der Völker eingegriffen wie jetzt, noch nie sind so zahlreiche technische Verbesserungen der Kriegsmittel schnell aufeinander gefolgt, noch niemals endlich sind so ungeheuere Heeresmassen bereit gestellt gewesen, um für wirkliche oder vermeintliche Interessen der Völker ins Feld zu ziehen.

Auch kann man mit Recht behaupten, daß noch nie eine so große geistige Kraft daran gesetzt worden ist, den Anforderungen, welche ein Krieg an die Völker und Heere stellen wird, nach Möglichkeit im voraus gerecht zu werden. Ebenso hat die schriftstellerische Arbeit vieler bewährter Militärs und Historiker dazu wirksam beigetragen, große Kreise des Volkes über das Wesen, den Nutzen und die Nothwendigkeit der militärischen Einrichtungen aufzuklären — zum mindesten die, welche nicht durch die sozialdemokratischen Lehren auch in dieser Beziehung in eine Sackgasse verrannt sind —, und diese Aufklärung hat günstig auf die Behandlung der militärischen Angelegenheiten in den Parlamenten zurückgewirkt.

Aber trotz dieses sich immer mächtiger und drohender entwickelnden und bis in die Himmelsbläue wachsenden Riesen der Waffenrüstung bemerken wir das Walten eines Geistes, die Existenz von Strömungen, das Auftreten von Anschauungen, welche mit dem äußeren Anblick Europas ganz im Widerspruch stehen, und zwar hauptsächlich in Deutschland und Italien. —

Zuerst hat dies seinen Grund in dem Wunsche, den Frieden zu erhalten.

Er entspringt aus den verschiedensten Ursachen.

Der Krieg zerstört, verzehrt Eigenthum und Geld; er unterbindet Handel und Wandel, er hindert die Ausnutzung des Bodens, die Abwesenheit und der Tod vieler in Geschäften und Unternehmungen aller Art thätigen Männer erzeugt Stillstand oder Stockung derselben, und so könnte man noch vielerlei zeitweise eintretende materielle Nachtheile aufführen.

Der Krieg bringt Leiden und Elend, nicht nur für die ihn durchkämpfenden Männer, sondern auch für ihre Angehörigen, somit für die ganze Nation, mit sich.

Die Entscheidung des Krieges ist ungewiß. Es kann sich bei ihm um die Existenz eines Volkes handeln. —

Dies sind Gründe genug, um den Leitern der Völker und diesen selbst die Pflicht aufzuerlegen, denselben zu allen Zeiten zu vermeiden, wo sie es können, aber die jetzige Zeit fordert dazu in noch erhöhtem Maße auf. — Die Wehrpflicht ist allgemein; sie zieht die ganze Nation in Mitleidenschaft; die Heeresmassen sind so groß, daß ihre Ernährung und Leitung schwierig ist. Man ist im Unklaren, wie sich der Krieg in Zukunft gestalten wird. Auch der beste Fachmann kann sich kein ihm selbst ganz genügendes Bild mit einiger Wahrscheinlichkeit entwerfen.

Einige glauben an schnelle entscheidende Schläge, Andere wieder an ein langes Hinziehen des Krieges; die Meisten meinen, die Wirkungen der neuesten Waffen werden ungeheure, alles Bisherige übersteigende Verluste herbeiführen, Andere — unter denen auch wir — sind der Ansicht, der menschliche Selbsterhaltungstrieb werde schon dafür sorgen, daß die Verluste durchschnittlich nicht das bisherige Maß übersteigen würden.

Die Leitung solcher Massen ist schwierig — zugestanden! Aber werden der Feldtelegraph, das Telephon, der Fesselballon nicht doch mächtige Hülfsmittel sein? — Die Ernährung ist ein Problem, aber werden die Eisenbahnen und Konservenfabriken es nicht doch zu lösen verstehen? So halten sich die Fragen und Antworten das Gleichgewicht, und daher erscheint Vielen der Krieg als ein dunkles, drohendes, verschleiertes Gespenst. Geheimnißvoll in seinem Wesen, noch nie dagewesene Schrecken bergend, wird es mit furchtbarem, eisernem Griff ganz Europa umfassen und die Früchte unserer Civilisation zertreten. — In jedem Fall werden die Leiter der Staaten angesichts der vorhin erwähnten Verhältnisse es sich dreimal überlegen, ehe sie den Krieg entfesseln.

Aber wie der Einzelne fast niemals in seinem Empfinden, Thun und Lassen den richtigen Weg zu wandeln weiß, auf dem er sein Wesen im harmonischen Gleichgewicht erhalten kann, so auch die Nationen. Die von uns genannten, nach Vernunft und Gefühl anzuerkennenden Gründe werden von der Bequemlichkeit, der Feigheit und einem verschwommenen Humanitätsgefühl, endlich vom politischen Fanatismus zu ihren Zwecken ausgenutzt. Den Friedenswünschen wird dadurch ein Gepräge aufgedrückt, welches das Denken und Empfinden unseres Volkes in falsche Bahnen zu leiten droht, ihm Begriffe einzuprägen sucht vom Staats- und Völkerleben, somit auch vom Kriege, welche einzig und allein dazu dienen können, uns herabsinken zu lassen von unserer politischen Machtstellung. Aber nicht allein diese können wir verlieren, sondern wir können gestürzt werden von der geistigen Höhe, auf die wir durch die Männer der That und vom Rath und durch jene Geistesheroen gehoben worden sind, welche es verstanden, alle Seiten des menschlichen Daseins, alle die Menschheit und die Welt durchströmenden und belebenden Kräfte einer gleichen und gerechten Würdigung zu unterziehen, sie Millionen und aber Millionen für Jahrhunderte in lebendigen Bildern vor das Auge zu stellen.

„Der Krieg ist ein Werkzeug der besitzenden Klassen, um an der Macht zu bleiben; der Krieg wird von den Arbeitern aller Völker nicht gewollt, denn diese sind durch ein gemeinsames Band, das Streben nach einem menschenwürdigen Dasein, miteinander verbunden. Die Kriege waren stets von den Fürsten angezettelt oder in den Zeiten der Barbarei von Räubervölkern zur Schande der Menschheit geführt. Die Thaten des Kriegers, des Feldherrn sind Schandthaten, sind die Kunst des Massenmordes, ein vornehmer Sport." Die Männer hohen, feinen Gefühls seien nie Feldherren gewesen. Unser Geschichtsunterricht sei durch die Verherrlichung der „dynastischen Kriege" gefälscht, welche der Entwickelung des Menschengeschlechts nur geschadet. Die Handlungen unserer Könige und Staatsmänner, welche man als groß, weise und erhaben hinstellt, seien Mißbrauch der Gewalt, Schlechtigkeiten, Thorheiten, oder im besten Falle halbe Arbeit gewesen.

Gnade finden vor den Augen der Agitatoren, welche mit souveräner Sicherheit und mit dem Fanatismus des Glaubens ihre Lehren den horchenden Massen vortragen, nur einzelne Helden der französischen Revolutionen und der Kommune von 1871, allenfalls Lassalle, Marr und einige Philosophen, deren Worte und Werke dann nach den gepredigten sozialistischen Theorien zugestutzt werden.

„Der Krieg kann, falls eine halbbarbarische Völkerschaft ihn einmal nothwendig machen sollte, nur durch eine Abstimmung des Volkes erklärt werden.

„Die Vereinigten Staaten Europas werden ihn unmöglich machen."

So spricht der politische Fanatismus, die große Unwahrheit der Sozialdemokratie.

Diese Sprache ist nur Mittel zum Zweck, zum Umsturz der bestehenden Gesellschafts- und Staatsordnung.

Nicht ganz so verhält es sich mit der Gruppe der Freunde des sogenannten ewigen Friedens, unter denen sich Anhänger verschiedener politischer Parteien befinden, aber ihre Sprache ist die nämliche. — Sie leiten aus der Stimme der Menschlichkeit, welche uns gebietet, den Krieg zu vermeiden, so lange es mit Ehre und Vortheil des Staates vereinbar erscheint, die Möglichkeit ab, den Krieg allmälig aus der Welt verschwinden zu lassen, und die Verachtung des Feldherrnthums und der kriegerischen That haben sie mit der Sozialdemokratie ganz gemein; die Worte vom „Massenmord" und von der „Kunst der Schlächterei" sind ihren Rednern, ihren Journalen und Schriften ebenso geläufig.

Ihr Thun ist begründet und veranlaßt durch eine mißverständliche Auffassung der Humanität, durch eine Verkennung der menschlichen Natur in ihren Urelementen, vielleicht auch oft von einer Eigenart ihres Wesens, welches, der kraftvollen That abgeneigt, dieselbe nicht begreifen kann, endlich auch vielfach durch eine unrichtige Auffassung der christlichen Lehren beeinflußt.

Diese Gattung Friedensfreunde haben mehrere Vorläufer gehabt von dem Abbé de Saint Pierre bis zu Kant und Cobden. Während aber die Theorien dieser Männer fast ganz ohne praktische Bedeutung auf den Gang der Ereignisse blieben, schicken sich die jetzigen Vertreter und Vertreterinnen an, so viel wie möglich in die Praxis einzugreifen.

Daß die Welt des Gewinnes, vornehmlich die des Geldgeschäftes, auch die Vertreter der Industrie und des Handels dem Kriege vorzugsweise abgeneigt sind ihres materiellen Interesses halber, ist leicht zu verstehen; aber auch aus ihr und einem Theil der insbesondere ihren Zwecken dienenden Presse haben sich Stimmen erhoben, welche geeignet sind, dem Volke die Freude an seinen Thaten, an seinen Helden, an dem Wagniß von Leib und Leben zu verleiden.

Die Kriegskunst wird als ein brutales Handwerk heruntergesetzt; der Krieg bringe einzig und allein Schaden; nur der Reichthum des Einzelnen und des Ganzen, die Verbindung der Nationen durch Handelsinteressen förderten die kulturelle Entwickelung. Nicht der kriegerische Ruhm, nur die Künste des Friedens dienten der Erhebung der Seelen.

So spricht die Gewinnsucht, das Wohlleben unter der Maske der Menschlichkeit, des künstlerischen und wissenschaftlichen Strebens. — Zum Glück jedoch ist der eigentliche Kern unseres Bürgerstandes von diesen Gesinnungen noch nicht angesteckt.

Ob nun die Staatsmänner Europas die Theorien der Sozialdemokraten und Friedensmänner über den Krieg einer großen Beachtung in ihrem Thun und Lassen werth halten, mag dahingestellt bleiben, dagegen rechnen sie gewiß sehr stark mit den reellen und natürlichen Friedenswünschen, welche scharf von den eben gekennzeichneten zu unterscheiden sind, und daher sehen wir denn, daß der Mund der Staatsmänner fast aller europäischen Staaten von Friedensbetheuerungen überfließt. Jeder Staat geht davon aus, das Odium der Herbeiführung des Krieges um keinen Preis auf sich nehmen zu wollen. Man will die öffentliche Meinung für sich haben. Die gesammte Rüstung ist nur dazu da, um den Frieden zu erhalten, und die Welt beruhigt sich dabei gern, vorläufig unter dieser schweren Last weiter zu athmen und zu arbeiten, zufrieden, daß die Gegenwart ihr noch gestattet, zu säen, zu ernten, zu spekuliren, zu handeln.

Es fällt uns nicht ein, das Werk des großen Mannes zu verkennen, welcher unter den schwierigsten Verhältnissen und durch die Schaffung von neuen Bündnissen, als die alten versagten, den Frieden zu erhalten wußte. Der Gedanke, der ihn dabei hauptsächlich leitete, war die Machtstellung und Wohlfahrt seines Vaterlandes ohne neue blutige Opfer sicher zu stellen. — Die Verlängerung des Friedens sollte es ermöglichen, die neuen Verhältnisse zu befestigen, die Leidenschaften abzukühlen, die Welt an den jetzigen politischen Zustand zu gewöhnen und durch die geschlossenen Bündnisse einen abermaligen Appell an die Waffen auf lange Zeit unmöglich zu machen. — Aber auch diejenigen Mächte und Parteien in Europa, welche den jetzigen Zustand umwerfen wollen, haben, wie sie uns in militärischer Beziehung nachahmten, nunmehr für gut befunden, den Frieden auf ihre Fahne zu schreiben.

Ob sie sich da und dort widersprechen, damit nehmen sie es nicht genau. Das ganze Ergebniß der jetzigen Lage aber ist hierdurch ein großer ungeheuerer Widerspruch in sich selbst geworden.

Während in Rußland und Frankreich gewaltige Triebfedern für den Krieg thätig sind und das Volk in Bewegung und Gährung halten, wird durch die Erreichung des politischen Zieles in Deutschland und Italien die Erschlaffung des kriegerischen Geistes und die Ertödtung des Gedankens der That begünstigt.

Die Verwechselung des kriegerischen Geistes mit dem chauvinistischen ist in Deutschland nahezu bei einem großen Theil des Volkes und in der Presse vollendet. Von den Sozialdemokraten wird sie mit Absicht herbeigeführt und gepflegt.

Jede warnende Aeußerung, jede Betrachtung der gegenseitigen Streitkräfte, jede abweichende Ansicht über die Trefflichkeit einer fortwährenden Friedenspolitik wird als „Kriegstreiberei" betrachtet. — Und doch ist die Erhaltung des kriegerischen Geistes eine Lebensfrage für ein Volk. Es steht und fällt mit demselben, denn der Krieg ist eben in der Eigenart der menschlichen Natur und der Welt, in der wir leben, begründet. Von dieser Voraussetzung geht sogar Kant im „Zum ewigen Frieden" aus, den er nicht als den natürlichen Zustand betrachtet, sondern den er stiften will.

Der Krieg ist ein Element unseres Daseins wie jedes andere — Graf Moltke drückte dies aus: er ist ein Element in Gottes Ordnung —, und wir müssen stets mit ihm zu rechnen, seine Wirkungen, seine

Folgen, die materiellen und geistigen Kräfte, die in ihm auftreten, richtig zu beurtheilen verstehen.

Es handelt sich hier nicht um die Beurtheilung der staatsmännischen Handlungen, welche bei uns oder anderwärts für die Erhaltung des Friedens wirksam wurden, sondern nur um die Betrachtung des thatsächlichen Zustandes, wie er sich aus den nun schon über zwanzig Jahre andauernden Verhältnissen entwickelt hat. — Es ist aber natürlich, daß das Verhalten und die Anstrengungen der Diplomatie, welche aus den oben berührten Ursachen hervorgegangen, rückwirkend auch ihrerseits die Anschauungen der Völker beeinflußten. Diese ganze Lage kommt den Bestrebungen der Sozialdemokratie und der Friedensmänner zu gut, das ist nicht zu leugnen, und giebt ihren Bestrebungen den Anschein einer gewissen Realität.

Die Uebel des Krieges sind aber bei weitem die größten nicht, die ein Volk treffen können. Diese sind die Verweichlichung, die Unterdrückung edler Gesinnungen durch die Herrschaft der Gewinnsucht und der Verfall der Sittlichkeit.

Der Krieg, dieser mächtige Herrscher, diese bewegende Urkraft wird allerdings weder durch die Sozialdemokratie noch durch den Materialismus, auch nicht durch die schönen und beweglichen Worte der Friedensmänner von seinem Thron gestürzt oder von dem Steuer der Geschichte entfernt werden, aber sie können es fertig bekommen, dem kraftvollen Geiste des Heldenthums unseres Volkes eine tiefe Wunde zu schlagen, welche nur unseren Feinden zu Gute käme.

Je weniger die Mehrzahl der Menschen über dies so ungemein schwierige Thema zum Nachdenken zu bringen ist, desto größer ist die Gefahr, daß die Menge bei fortwährender Wiederholung der Schlagworte der vorhin charakterisirten Richtungen die einfachen natürlichen Anschauungen, die sie bisher besaß, verläßt und den gepredigten Grundsätzen ihr Ohr leiht.

Eine tiefinnere Ueberzeugung wird zwar freilich hierdurch nicht entstehen, aber andere Folgen werden nicht ausbleiben. Diese werden ebenso schlimm sein, als wenn das Volk wirklich schon durch sittlichen und körperlichen Verfall in den Zustand der Verweichlichung und der unkriegerischen Gesinnung, der Abnahme der Thatkraft, gerathen wäre.

Denn wie der Arme die Sätze der Sozialdemokratie mit Vorliebe annimmt, so auch die Mehrzahl der Menschen das, was ihr Bequemlichkeit und Ruhe verspricht.

Wenn man aber etwas als überflüssig, brutal und unsittlich, als ein Werk des Ehrgeizes, der Ruhmsucht betrachtet, so führt man es auch nicht gern aus.

Man möge sich daran erinnern wie unbedeutend und nicht beachtenswerth die deutsche Sozialdemokratie vor 25 Jahren den meisten Deutschen erschien, und was ist sie jetzt? Es ringen sich die falschen Lehren zwar niemals durch, aber sie können einen nicht zu berechnenden Schaden anrichten. Ebenso oder ähnlich die jetzige „Friedensbewegung".

Möglich, daß der gute Geist des deutschen Volkes sich in der Stunde der Gefahr in voller Thatkraft unter Abschüttelung dieser Lehren erheben, daß die Wahrheit von dem ewigen Gesetz des Kampfes, mit lapidarer Schrift und leuchtender Beweiskraft dann Jedermann vor Augen treten wird —, aber wer kann wissen, wie lange diese falschen Propheten Zeit haben werden, zu predigen, und daß die Folgen dieser Predigt von manchem denkenden Manne nicht ohne Bedenken betrachtet werden, dafür liegen mannigfache Anzeichen vor.

Schon erhebt sich eine vollständige Propaganda für die vorhin geschilderten Grundsätze, Männer und Frauen wirken darin zusammen. Für die „Abschaffung des Krieges" will man Volksbewegungen ins Leben rufen, in Romanen und Schriften wird dafür gekämpft, Journale dieser Richtung gegründet. — Recht edel, kann man sagen, und zugleich recht — erfreulich in den Augen unserer lauernden Feinde. Auch sie wollen den Frieden, den Frieden nach unserer Vernichtung.

Sogar der Muth, die schönste Tugend des Mannes, wird spitzfindig heruntergesetzt, nur um die Hohlheit des Heldenthums zu beweisen, den Glauben daran als ein elendes Vorurtheil zu erschüttern. Und wenn sogar in einem von militärischer Hand verfaßten Artikel erklärt wird, der Krieg könne vom Standpunkt der Moral nicht gerechtfertigt werden, und man besänge den Ruhm nur, um die Greuel desselben abzuschwächen, so erscheint es an der Zeit, hierüber ein deutliches Wort zu sprechen.

Wie oft hat die Geschichte uns schon gezeigt, daß ein Volk, geschützt durch geographische Lage oder Neutralitätserklärungen, zehrend von altem Ruhm, in einem langen Frieden in einen Zustand gerieth, welcher es unfähig machte, in der Stunde der Gefahr seinem Gegner zu stehen. Aehnliches könnte sich jetzt durch die Aufnahme falscher Anschauungen über Krieg und Frieden, verbunden mit den Lehren der Sozialdemokratie, in größerem Maßstabe entwickeln. Vorzuziehen ist jedenfalls, daß der Gesammtheit der aus der menschlichen Natur entspringende Begriff vom Kampfe, das Verständniß vom Kriege, wie es in unserem Volke auch der geringste Mann bis jetzt besaß, erhalten blieben, jenes Verständniß, das sich in dem Satze Luthers so treffend kundgiebt: Schlägst Du nicht, so schlägt e r Dich und ein ganzes Volk mit Dir!

I.

Entstehung des Krieges.

Woher entsprang der Krieg? Der Krieg entsprang aus einem in der ganzen Welt gültigen Naturgesetz. Dieses Naturgesetz heißt der Kampf. — Der Kampf besteht in dem Aufeinanderstoßen feindlicher Elemente. Schon die Entstehung der Weltkörper weist, so lehrt uns die Naturwissenschaft, zum großen Theil auf den Kampf der Naturgewalten hin.

Der Kampf der verschiedenen Thierracen, welcher niemals aufhört, ist das nächste Zeichen dieses Naturgesetzes.

Steht der Mensch außerhalb der Natur? Doch gewiß nicht. Der Mensch ist das erste Geschöpf der Natur oder des allmächtigen Willens, der in der Natur wirkt, aber man kann ihn nicht deshalb über die Natur stellen, ihn aus derselben herausnehmen, weil er eine besondere Begabung besitzt.

Die Gesetze der Natur gelten für den Menschen wie für jedes andere Geschöpf, sie machen sich überall fühlbar, in der Allgemeinheit wie im einzelnen Wesen. Niemand wird behaupten, daß der Kampf das einzige Naturgesetz sei, aber er ist ebenso nothwendig wie jedes andere.

In jeder menschlichen Natur entwickelt sich der Wille. Schon das Kind zeigt denselben im zartesten Alter. Indem der Wille des Kindes häufig gebrochen werden muß, und zwar nicht durch Gründe, denn diese versteht das Kind nicht, sondern durch das einfache Uebergewicht des Erwachsenen, erscheint schon das Gesetz des Kampfes. Der Gehorsam, die Nachgiebigkeit liegen nicht im Menschen, sie sind ein Erzeugniß der Erziehung. Der eigene Wille des Menschen nun stößt mit dem des neben ihm Lebenden zusammen, sobald der letztere etwas Anderes will als der erste. Später entwickeln sich in der

Persönlichkeit die Leidenschaften. Ob diese zum Theil oder ganz angeboren sind, ob sie durch die Erziehung gemildert oder verschärft werden können, gehört nicht hierher, genug, daß sie mehr oder minder in jedem Menschen vorhanden sind.

Der Wille des Menschen nun, mit Leidenschaft und Kraft gegen einen anderen Willen durchgeführt, muß den Kampf herbeiführen. Der Kampf entsteht aber auch häufig aus dem eisernen Gesetz der Nothwendigkeit, welches den einen Theil zum Weichen zwingt, damit der andere leben kann.

„Der Mensch oder das Volk im bloßen Naturzustande benimmt mir die Sicherheit und lädirt mich schon durch eben diesen Zustand, indem er neben mir ist", sagt Kant im „Zum ewigen Frieden" und folgert daraus weiter die ewige Bedrohung mit dem Kampfe, die in diesem Zustande liegt.

Endlich ist der Kampf entstanden aus dem ebenfalls als eine Urempfindung im Menschen lebenden Drange, seine Kraft zu bethätigen, was am meisten durch Ueberwindung eines ebenbürtigen Gegners geschieht.

Der Kampf unter den Menschen ist also ein Erzeugniß der menschlichen Eigenart, insbesondere der Willenskraft und der Leidenschaften, aber auch der Verhältnisse, in welche die Natur die Menschen oder ihre Gemeinschaften zu einander gestellt hat.

Wenn nun auch der Kampf zum Theil ein Produkt der Leidenschaften des Menschen war, so keimten in ihm selbst sofort mannigfache Tugenden auf.

Die Natur hat dem Menschen die Liebe zum Dasein, den Widerwillen gegen die Vernichtung eingepflanzt. Der Naturmensch, welcher noch nicht gekämpft hatte, konnte wohl dem Feinde muthig gegenübertreten. Sobald er aber die Erscheinungen des Kampfes mit ihren Schrecknissen sah, machte sich die Empfindung der Erhaltung in ihm geltend. Sobald die persönliche Leidenschaft, mit der er auf seinen Gegner losging, jener Empfindung des Erhaltens nicht mehr das Gleichgewicht hielt, ergriff er die Flucht, oder aber er bekämpfte die Furcht, und die Tugend der Selbstverleugnung, die Tapferkeit, war geboren.

Trotzdem der heutige Mensch die Gefahr des Kampfes aus Büchern und Berichten kennt, kann er sich von der subjektiven Empfindung beim Bestehen derselben niemals ein zutreffendes Bild machen, und es bedarf der Erfahrung, um zu entscheiden, ob die

Sucht nach Erhaltung des Daseins oder die Selbstverleugnung in ihm die Oberhand gewinnen werden.

Diese Tugend wird von denen gewöhnlich geringgeschätzt, welche am wenigsten daran denken, sie zu beweisen. Sie ist keineswegs allein das Erzeugniß einer guten körperlichen Verfassung, insbesondere eines guten Nervensystems. Obgleich es richtig bleibt, daß ein solches zur Ausübung derselben viel beiträgt, so ist damit höchstens bewiesen, daß es dem Einen leichter wird als dem Anderen, sich unerschrocken zu zeigen, denn die Liebe zum Dasein ist — wie schon bemerkt — eine in jedem vorhandene unausrottbare Empfindung.

Die Unterstützung, welche der eine Kämpfer dem anderen zu Theil werden lassen mußte, entwickelte das Pflichtgefühl, das Gefühl der gegenseitigen Hülfeleistung oder der Aufopferung des einen für den anderen. Die Verschlagenheit, welche angewendet wurde, sobald der Kampf mehr als ein stieres Darauflosstürmen war, zeitigte freilich oft auch die Treulosigkeit und Falschheit — so lange ein festes Sittengesetz noch nicht Gültigkeit erlangt hatte —, aber sie schärfte auch den Verstand und die Beobachtungsgabe, machte den Menschen also auch fähig, Gutes zu erkennen und sich anzueignen.

Die Bewährung der Tugend der Tapferkeit, verbunden mit der gleichfalls im Kampfe erworbenen Geschicklichkeit der Waffenführung, bewog die Kämpfer, sich der Leitung der Tapfersten, Geschicktesten und Verschlagensten zu unterwerfen, und hieraus ging der Gehorsam hervor, welcher für eine Fortbildung des Menschengeschlechts durchaus nöthig war.

Bei dem ohne Veranlassung Angegriffenen machte sich das Rechtsgefühl in seinen ersten Keimen geltend, die Abwehr war von diesem ethischen Antrieb beseelt und geleitet. Hiermit in Verbindung trat für den Menschen die Beschützung und Errettung der Seinen als eine aus dem Gefühl der natürlichsten Liebe erwachsende Pflicht ins Dasein. — Im Kampf mit den Elementen und Thieren kann freilich der Mensch Tapferkeit und Aufopferungsfähigkeit, Ausdauer und Hingebung ebenfalls beweisen, aber der Zusammenstoß bewußt waltender Kräfte erzeugt eine Reibung, welche viel schärfer auf den seelischen Zustand des Menschen wirkt als der Kampf gegen unbeseelte Gewalten. Dieser Kampf ist ein leidenschaftsloser, er wird dem Menschen aufgedrungen; er führt ihn, weil er dazu gezwungen ist, ohne Haß, ohne Zorn, ohne verletztes Rechtsgefühl.

Gewiß hat das Leben auch in der Kindheit der Menschheit

viele anderen Momente zu verzeichnen, welche für seine Entwickelung ebenfalls nothwendig waren. Wir wollen nur darthun, daß der Kampf als unentbehrliches Glied in der Kette der Fortbildung zu erachten ist. Er hat seine Kulturaufgabe wie alle anderen Momente des menschlichen Daseins.

Diese Kulturmission dauert noch heute bei Unterwerfung und beim Beginn der Civilisirung wilder Völkerschaften fort; sie dauert aber auch fort, um große Veränderungen herbeizuführen, welche, sobald das Alte sich überlebt hat, nöthig sind.

Sobald nun ein Gemeinwesen sich bildet, geht aus dem Kampf allmälig der Krieg hervor, d. h. der Kampf dieses Gemeinwesens organisirt sich unter besonderen Bedingungen. Der Krieg ist der von einer bestimmten Vereinigung von Menschen, Stamm, Nation, Volk, Staat, gegen eine andere derartige oder ähnliche Vereinigung geführte Kampf.

Aber indem nun der Kampf Sache des Gemeinwesens wurde, wirkte der Zustand desselben umgekehrt auf die Art und Weise der Führung des Kampfes zurück. Bildeten sich die Begriffe von Gesetz und Recht im Innern eines Gemeinwesens allmälig aus, erwuchs daselbst eine Gesellschaft, welche Regeln des bürgerlichen Verkehrs zu pflegen suchte, so war es natürlich, daß dies auch unbewußt auf die Führung des Krieges Einfluß hatte, d. h. es entstanden die schwachen Anfänge eines Sittengesetzes für den Krieg, welches sich später allmälig zu den Grundlagen des „Völkerrechts" erweiterte.

Es ist natürlich, daß dieser Uebergang sich nicht plötzlich vollzog. So kann man die Heroenzeit der Griechen, soweit man sie auf geschichtlicher Grundlage ruhend anerkennen will, als Zeit des Uebergangs aus den Kämpfen in die Epoche des Krieges betrachten. Aehnliches finden wir auch bei anderen Völkern.

Daß sich, sobald das Gemeinwesen an Kraft und Zusammenhalt gewann, die Mittel für den Krieg, und zwar sowohl die Kämpfer als auch das Material, vollkommener organisirten als früher, sei nebenbei erwähnt.

Diese ersten Kriege der Stämme, Tribus u. s. w. standen natürlich den heutigen Streifzügen der Reste der Indianer oder der Naturvölker Afrikas sehr nahe.

Dennoch aber sind wir nun an den Punkt gelangt, wo wir geschichtlichen Boden betreten. Es kann jedoch nicht unsere Aufgabe sein, die Entwickelungsstufen, welche der Krieg durchgemacht hat, nach den Zeitaltern zu verfolgen, sondern wir wollen die Einwirkung desselben auf die Menschheit in seiner verschiedenen Erscheinung im Allgemeinen betrachten, ohne darauf zu verzichten, uns hin und wieder beispielsweise auf ein bestimmtes Zeitalter zu beziehen.

II.
Der Krieg und das Ehrgefühl, die Waffenbrüderschaft und die Disziplin.

In der Blüthezeit der Athener, Sparter und Römer war bekanntlich jeder Bürger Soldat; Sklaven, Heloten, Unfreie wurden nur im Falle der höchsten Noth bewaffnet. Der höhere Führer aber war zugleich ein Staatsmann. Eine Trennung der politischen und militärischen Arbeit fand nicht statt. Die Erziehung legte die Keime solcher Entwickelung in die Jugend. Das Staatsbewußtsein erfüllte das ganze Heer und verlieh ihm damit das Gefühl der Anhänglichkeit und Hingebung an die Sache, für welche es kämpfte.

Nicht nur die Liebe zur Scholle, zur Heimath, zur Sprache, nicht nur das, was wir jetzt Vaterlandsliebe nennen, beseelte die Bürger, sondern eine lebendige Empfindung für die Ehre und Würde ihres Gemeinwesens durchdrang auch den geringsten Freien.

Dieses Ehrgefühl mußte sich natürlich auch auf die Thätigkeit im Kriege übertragen, und so entstand neben dem Pflichtgefühl und der gegenseitigen Hülfeleistung (Kameradschaft) die Kriegerehre.

Bei den Germanen war sie das Erzeugniß jenes Selbstbewußtseins des Freien, welcher entweder im Aufgebot seines Stammes oder als Gefolgsmann eines Herzogs auszog, und in dem sich die Empfindung für die Behauptung der nationalen und persönlichen Freiheit mit dem allgemein gültigen Gefühl einte, daß die Tapferkeit die erste Tugend des Mannes, daß die würdigste Beschäftigung nur der Krieg sein könne.

Erst die Kriegerehre giebt der Begeisterung Rückhalt und befähigt zu außergewöhnlichen Thaten.

Die Kriegerehre ist eine der schönsten Blüthen, welche aus Sturm und Noth, wie eine edle Alpenblume aus zackigem Gestein, an dem Abgrunde der Gefahr emporsprießt. Sie ist entstanden aus der Verbindung des Staatsgefühls, der Aufopferung für das Ganze, mit dem hülfsbereiten Sinn für die Mitkämpfer, aus dem Stolz und der Würde des Einzelnen, dem Verlangen seine Tapferkeit und Kraft zu bewähren, der Verachtung der Gefahr und dem Wunsche sich hervorzuthun, den Lorbeer sich zu erwerben.

Wir sehen diese Eigenschaften auf das Höchste in den Völkern des Alterthums in ihrer Blüthe entwickelt.

Aus der Pflicht und der Nothwendigkeit des gegenseitigen Beistandes bildete sich ein besonderes Band, welches man, als allgemeine Erscheinung betrachtet, mit Ausnahme naher Blutsverwandtschaft und der Ehe, das festeste der Menschheit nennen kann, das ist die Waffenbrüderschaft (Kameradschaft).

Sobald außergewöhnliche Verhältnisse die Menschen zusammenführen, so treten sie sich näher — man kann dies schon auf gewöhnlichen Reisen beobachten —, insbesondere aber, wenn Gefahren und Unbequemlichkeiten sich einstellen. Am augenscheinlichsten macht sich dies natürlich bei gefährlichen Unternehmungen und im Kriege geltend, wo die Gefahr in mannigfachster Gestalt stets vorhanden, wo aber auch die Ehre des Einzelnen und des Ganzen und das Wohl des Vaterlandes bezw. das Heil der verfochtenen Sache auf dem Spiel steht, wo die Menschen deshalb eben in den verschiedensten Verhältnissen auf gegenseitige Hülfeleistung angewiesen sind.

Dankbarkeit, Bewunderung, gleiches Streben, gleiches Gefühl, die Erhebung der Seele nach überstandener Gefahr und Mühseeligkeit vereinen sich, um das Band der Waffenbrüderschaft zu dem innigsten des Lebens zu gestalten.

Wiederum natürlich ist es, daß sich dieses Band am stärksten zwischen denen geltend machte, welche Schulter an Schulter zusammen gefochten hatten, also in den Urzeiten jedes Volkes in dem Aufgebot der Heimath, später in dem organisirten Streithaufen, der Phalanx, der Legion, Cohorte, dem Manipel, dem Fähnlein, dem Regiment, woraus sich dann allmälig der Korpsgeist entwickelte, welcher speziell den Waffenverband hochhielt, in dem die Kämpfer sich bewährt hatten.

Niemand kann sich dem Zauber der Waffenbrüderschaft und des Korpsgeistes entziehen, der einmal in solchem Verbande gestanden hat. Leute von nichts weniger als kriegerischer Gesinnung fühlen ihr Blut wallen, wenn sie die Trommel ihres alten Regiments hören, und betrachten leuchtenden Auges das junge Geschlecht, welches in Waffen an ihnen vorüberzieht.

Dieser Geist der Waffenbrüderschaft ist in einem Lande, in welchem allgemeine Wehrpflicht herrscht, ein mächtiger Kitt der Einheit zwischen den verschiedenen Volksklassen, zwischen dem Heere und dem Volke, falls nicht Mißbrauch mit demselben getrieben wird, wogegen man in keinem Verhältniß ganz gesichert sein kann.

Neben dem Pflichtgefühl, der Kriegerehre und der Waffenbrüderschaft trat allmälig eins der ersten und wichtigsten Mittel für die Erziehung des Menschengeschlechts auf den Schauplatz, das war die Mannszucht oder die Disziplin.

Das Ideal der Disziplin ist die aus der Erkenntniß der Nothwendigkeit des Gehorsams entspringende freiwillige Unterordnung unter die Gesetze des Staates, in militärischen Verhältnissen unter den Willen und die Befehle der Führer. Aber es ist dem Menschen bis jetzt noch nicht beschieden gewesen, dies Ideal dauernd zu erreichen, dem treten eben wieder die menschliche Schwäche und die Leidenschaften in den Weg. Daher wird eine im Kriege aushaltende Mannszucht nur gegründet werden, wenn der Geist eines gerechten, aber strengen Waltens des Gesetzes schon in den Zeiten des Friedens sich in der Staatsverfassung und in ihrer Handhabung verkörpert, wenn die Institutionen Erschütterungen und Schwankungen möglichst wenig ausgesetzt und auf dauernden Grundlagen errichtet werden und schon der Jugend die entsprechende Erziehung gegeben wird. Neben diesen idealen Momenten muß aber auch ein Kriegsgesetz, auf strengen Grundsätzen aufgebaut, ein Coder, in dem die Strafen angekündigt sind, welche den Uebelthäter treffen, das Bollwerk gegen die menschliche Schwäche bilden.

Im Alterthum waren diese Grundsätze entweder schon aus den allgemeinen Gesetzen des Staates ersichtlich, oder sie wurzelten im Herkommen und in der Ueberlieferung.

Erst viel später bildeten sich besondere Gesetze für den Krieg heraus (Militärstrafgesetzbücher, Kriegsartikel ɪc.).

Die Athener z. B. hatten es wohl vermocht, sich zu den Zeiten der Gefahr einem überlegenen Geiste, wie vor Marathon dem Miltiades, vor Salamis dem Themistokles unterzuordnen und unter ihnen glorreiche Siege zu erfechten, aber diese Disziplin war nicht von Dauer.

Wir sehen die Schwankungen, die Erschütterungen in der Geschichte Athens, wir sehen den von den verschiedensten Gefühlen fortgerissenen Demos die Staatsverfassungen ändern, die größten Söhne des Vaterlandes absetzen und verbannen. Unter diesen Umständen konnte sich eine wahre dauernde Disziplin nicht für die Kriegsheere herausbilden, und die Athener wurden dies in dem dreißigjährigen Kampfe um die Hegemonie zu ihrem Nachtheile recht oft inne.

Denn damit der Blüthe des griechischen Geistes nichts fehle, hatte sich diese Disziplin im hohen Grade in dem Stamme der Dorer entwickelt. Es wäre unnütz, hier die spartanischen Gesetze ins Gedächtniß zurückzurufen. Das Gesetz des Krieges, das Bewußtsein, der Gedanke, im höchsten Grade stets zu demselben bereit sein zu müssen, wirkte hier auf die Staatsverfassung ein. Mannigfache Züge eines brutalen Sinnes, welche wir in den spartanischen Gesetzen finden, wurden hierdurch allerdings herbeigeführt. — Neben jenen Zügen sehen wir in Sparta aber die Aufopferung für das Ganze, das Staatsgefühl, das Gesetz, die „gesunde Seele im gesunden Körper", die Abhärtung, die Kriegerehre, die Ehrfurcht vor dem Alter, die Grundlagen der Disziplin, die Selbstüberwindung in einer Weise gepflegt, daß dem brutalen Element mindestens das Gleichgewicht gehalten wird. Und nicht nur dient das spartanische Wesen dazu, den Staat groß zu machen, seine Feinde zu besiegen, sondern es hat als ein Beispiel dessen, was dem Gesetzgeber und dem Bürger möglich ist, für alle Zeiten gewirkt.

So vollbringen denn Pflichtgefühl, Kriegerehre und Mannszucht das Außergewöhnlichste. Glaubt man, daß die That an den Thermopylen nur auf der Begeisterung beruhte? Ohne die Disziplin wäre sie niemals vollbracht worden.

Je mehr aber die Selbstüberwindung, ohne welche die Disziplin nicht bestehen kann, sich im Menschen befestigt, je mehr sie zur Tugend wird, desto höher steigt der Mensch im sittlichen Werth, in seiner Selbstachtung.

Das höchste Ideal der Disziplin jedoch erreichte das bisher nicht übertroffene Kriegervolk, die Römer. In der römischen Geschichte tritt uns das Gefühl für den Staat, der Sinn für die öffentliche Sache als die Alles beherrschende Triebfeder in noch höherem Maße als bei den Griechen entgegen. Schon in der ältesten Zeit zeigt sich, daß dies eine Gefühl alle anderen, die des Vaters, des Gatten, zu unterjochen vermag. Manche haben dies als unmensch=

lich gebrandmarkt, aber die Geschichte kann uns kein Volk nennen, in welchem die rein menschlichen Empfindungen sich mit dem Sinne des Staatsmannes und des Kriegers ganz im Einklang und Gleichgewicht befunden hätten. Eine solche Harmonie wird man selten in einem Menschen finden, in einem ganzen Volke sicherlich nicht.

Während die Einrichtungen der Sparter sich auf die Dauer durch ihre übermäßige Schärfe abstumpfen mußten, während bei ihnen eine belebende rechtzeitige Reform unterlassen wurde, entwickelte sich die römische Verfassung derart, daß alle Klassen des Volkes ihre volle Kraft für den Staat nach außen und nach innen einsetzen konnten.

Kein Staat ist ohne Kampf entstanden, für den römischen gilt dies insbesondere. Dieser Umstand hat denn auch auf die römischen Sitten, Anschauungen, Gesetze bedeutend eingewirkt.

Daß die Germanen bei ihrem ersten Auftreten gar keine Disziplin gekannt hätten, wird von keinem Geschichtsforscher angenommen. Wie soll man Massen in Bewegung setzen ohne jede Disziplin? Aber diese Disziplin war keine absolute. Sie ging aus dem freien Willen der Gemeine, des Stammes und aus der persönlichen Autorität des gewählten oder berufenen Heerführers, nicht aus dem strengen Walten eines Staatsgesetzes hervor. Dazu kamen die Zersplitterung in Stämme und der Unabhängigkeitssinn des Einzelnen. Sobald nun der Wille der Menge auf Erreichung eines bestimmten Zieles ins Schwanken gerieth, die persönliche Einwirkung des Führers aus irgend welchen Gründen nachließ oder verschwand, trat Zuchtlosigkeit ein. — Daher war die römische Disziplin der deutschen weit überlegen.

Die Disziplin wurde bis zu einem gewissen Grade später bei den germanischen Völkerschaften, in den von ihnen gegründeten Reichen und den neu entstandenen Nationen auf anderem Wege geboren, aber auch auf kriegerischem. Die Gefolgschaften — Verbindungen einer Anzahl Freier unter einem Führer zu einem Kriegszuge — waren auf die Treue gegen den Herzog gegründet. Die Treue, welche auch eine der bewegenden Kräfte der Disziplin ist, trat als bewußtes Prinzip der persönlichen Anhänglichkeit nirgends im Alterthum so stark hervor wie in der Lehnsverfassung in dem Verhältniß des Vasallen zu seinem Lehnsherrn.

Dies Verhältniß schloß eben unbedingten Gehorsam ein, und

durch ihn wurden die Schaaren, welche einem Lehnsherrn unterstanden, geleitet, aber der Mangel einer festen Gestaltung der Staaten und der Staatsgewalt ließ bei größeren Heeren eine zuverlässige Disziplin dennoch nicht aufkommen, und es bedurfte stets außergewöhnlicher Männer oder besonderer Impulse, um die Zügel thatsächlich festzuhalten. Auch in dieser Beziehung stand das Mittelalter tief hinter dem Alterthum zurück.

Die Landsknechte des 16. Jahrhunderts hatten zuerst ebenfalls mehr eine Disziplin der Gemeine als eine unbedingte des Befehlshabers. Doch bildete sich diese bald heraus, je mehr die Fürstengewalt im Gegensatz zum ständischen Wesen sich stärkte und entwickelte.

Im dreißigjährigen Kriege befestigte sich das Befehlsrecht und die Macht des Feldherrn über die Söldnerschaaren, womit jedoch nur die Disziplin der Furcht geschaffen wurde, während die Zuchtlosigkeit gegen die Einwohner, die Fahnenflucht und andere Verbrechen der vaterlandslosen Schaaren sich häuften. — Die absolute Fürstengewalt schuf sich streng disziplinirte stehende Heere. Diese Disziplin beruhte auf der Furcht vor den strengsten Strafen und der Abgeschlossenheit der Kaste, in einzelnen Fällen auf der Anhänglichkeit gegen den Feldherrn oder Landesherrn. Ein nationales Gefühl trat nur sehr selten — z. B. im siebenjährigen Kriege in Preußen — zu Tage. Von einem Bewußtsein als Bürger und Kämpfer zugleich, wie im Alterthum, war nie die Rede.

Seit Ende vorigen Jahrhunderts nun hat sich das nationale Volksheer allmälig fast überall Bahn gebrochen, und damit ist die Disziplin in der Theorie wieder auf die Grundlage gestellt, wie sie zur Blüthezeit der Griechen und Römer bestand, aber es braucht nicht darauf hingewiesen zu werden, wie groß der Unterschied zwischen den Staaten des Alterthums und den modernen Monarchien und Republiken in Bevölkerungsanzahl, Ausdehnung, staatlichen und anderen Einrichtungen aller Art und ethischen Begriffen ist. Jedoch bleibt bestehen, daß die Heere aus Kindern des Landes, aus Bürgern des Staates ergänzt werden.

Dieselben gehen durch die Schule eines stehenden Heeres, und die Disziplin beruht nicht nur auf Furcht, sondern auf der Anhänglichkeit an das Vaterland und an den Staat bezw. an das Herrscherhaus als Spitze desselben.

Diese militärische Disziplin wirkt segensreich, insbesondere in

einer Zeit, in welcher auflösende Tendenzen gegen Gesellschaft und
Staat in seiner jetzigen Gestalt ihre Thätigkeit in immer höherem
Maße entfalten. Diese Disziplin ist sogar, nach der Meinung
alter Republikaner wie Scherr, der einzige Rettungsanker gegen eine
Barbarenüberfluthung von innen, welche nationales und wahrhaft
menschliches Wesen zugleich zertreten würde.

Zu vergessen ist nur hierbei nicht, daß der Zustand der
Staaten, ihre Verfassung, die in der Gesetzgebung verkörperten
Grundsätze, endlich ihre Schuleinrichtungen, der Geist, in welchem
die Jugend erzogen wird, auf die Disziplin eines Volksheeres einschneidend wirken und daß, bei sittlichem Verfall im Innern oder
falscher Erziehungsrichtung, die Disziplin, ungeachtet der größten
Anstrengung der militärischen Vorgesetzten, auf die Dauer und in
schweren Krisen nicht aufrecht erhalten werden kann.

III.
Der Krieg und das Sittengesetz.

Schon aus den vorhergehenden Erörterungen geht hervor, daß
die Sittlichkeit des Einzelnen und des Ganzen durch Aneignung der
durch den Krieg herbeigeführten Erscheinungen der Kriegerehre und
Disziplin, welche ohne die Tugend der Treue und Selbstüberwindung nicht aufrecht erhalten werden können, gewonnen hat, daß der
Krieg darin praktisch schon dem religiösen Gefühl und einem Sitt-
lichkeitsgesetz Vorschub leistet.

Es geschieht dies aber noch in ganz anderer Weise.

Die Gefahren des Krieges, nicht nur die für Leib und Leben,
sondern auch für die Heimath und den Staat, sowie die furchtbar
erhabenen Eindrücke des Schlachtfeldes führen den Menschen zu
Gott. Wenn der Religionslose sich angesichts dieser Gefahren
plötzlich den äußeren Formen der Religion zuwendet, so kann man
dies freilich mit Recht belächeln, aber es wird niemals schaden, daß
er sich dabei seiner Schwäche bewußt werden muß, und dieses Bewußtsein kann ihn zum Nachdenken über sich selbst führen. Jedes
Gemüth indeß wird von der Majestät des Schlachtfeldes berührt, es sei

denn, daß äußere Entbehrungen und Kriegselend aller Art die Sinne und damit das Gefühl zeitweise abgestumpft haben. Der Massentod, der plötzliche Uebergang vom Leben zum Tode so Vieler, der Verlust von Kameraden und Freunden erschüttert und ergreift. Er mahnt an die Allmacht, welche ihren gewaltigen Arm über die Menschheit ausstreckt. Die plötzliche Wendung des Geschickes von Staaten und Völkern, welche durch Weltschlachten herbeigeführt wird, macht das Walten der Vorsehung jedem Einzelnen fühlbar, und Herz und Sinn erheben sich zu Gott. Solche Empfindungen machten sich nach den Perserkriegen bei den Griechen, und nach den meisten Kriegen geltend, in denen ein Volk seine Unabhängigkeit aus Bedrängniß und Noth rettete. Ein Volk geht aus solchem Kriege mit befestigtem religiösem Gefühl hervor. Eine ganz ähnliche Erscheinung zeigte sich im deutschen Volke nach den Befreiungskriegen, und es hat vielleicht nur an einer auftretenden mächtigen, begeisterten Persönlichkeit gefehlt, damit bei der dreihundertjährigen Feier des Reformationsfestes eine wahrhafte Regeneration des religiösen Gefühls und Lebens auf deutschem Grund und Boden emporgewachsen wäre.

Die schöne Tugend der Dankbarkeit für diejenigen, welche Blut und Leben für ihr Land, für ihre Mitbürger gelassen haben, empfängt einen mächtigen Impuls und will sich durch Zeichen pietätvoller Erinnerung, in der Errichtung von Denkmälern, Versorgung der Hinterbliebenen und der unfähig zum Erwerb gewordenen Streiter, in der Innehaltung der Feier von Gedenktagen, äußern. Wehe dem Volke, dem die Empfindung hierfür abhanden kommt, das die „treuen Todten" vergißt, ihre „Urne" nicht mehr „mit dem Eichenkranz schmückt", mit Gleichgültigkeit, ja sogar mit Hohn auf die Tage höchsten Ruhmes und der That herabsieht.

Wir Deutsche feiern den 2. September. Warum nicht den 1., den Tag der Schlacht, den Tag der That? — ein Umstand, bei dem sogar das ruhige gleichmäßige Gemüth eines Moltke immer in Wallung gerieth, worüber er sich selbst einmal gegen mich äußerte.

Sehr einfach, weil gleich nach dem glorreichen Kriege die Eingangs bezeichneten unklaren Humanitätsgefühle sofort wieder das Wort ergriffen und es als inhuman, chauvinistisch, uncivilisirt bezeichneten, die That, einen Schlachttag, zu feiern, worin sie von den Ultramontanen und Sozialdemokraten auf das Beste unterstützt wurden. So wurde der 10. Mai, der Tag des Friedensschlusses,

vorgeschlagen, und dies hätte, wenn man überhaupt nicht die Er‑
innerung an die That feiern wollte, mehr Sinn gehabt als der
2. September, an dem nur die Früchte des 1. eingeheimst wurden,
ohne daß der Krieg deshalb ein Ende genommen hätte.

Und will man bestreiten, daß die Feier des Sedantages eine
von Jahr zu Jahr mehr verblassende ist? Man entschuldige dies
nicht mit den Einwirkungen der Zeit. Zwanzig Jahre — was sind
sie für die Erziehung eines Volkes, für das Gedenken an so Großes,
an ein Heldenepos, dessen Gewalt und Großartigkeit in der Geschichte
ihres Gleichen sucht?

Wahr ist es — soll der Krieg so reine Blüthen bringen, muß
der Gedanke, der ihn erzeugt, auch aus sittlich reiner Quelle stammen.
Es wird oft Mißbrauch mit dem Kriege getrieben, darüber ist kein
Zweifel, und soll dies weiter unten erörtert werden, aber der Miß‑
brauch hat mit dem Kriege selbst und seiner allgemeinen Bedeu‑
tung an und für sich nichts zu thun. Friedrich der Große sagt
darüber: „Es ist mit dem Kriege wie mit den anderen Künsten;
sie sind nützlich durch guten Gebrauch und schädlich durch Mißbrauch.
Ein Fürst, welcher Krieg führt infolge seines unruhigen Wesens,
aus Leichtsinn, aus ungeregeltem Ehrgeiz, ist ebenso verdammens‑
werth, wie ein Richter, der das Schwert der Gerechtigkeit dazu be‑
nützt, um einen Unschuldigen zu durchbohren. Der Krieg ist gut,
wenn man ihn unternimmt, um das Ansehen des Staates aufrecht
zu erhalten, seiner Sicherheit wegen, um Verbündeten Hülfe zu
bringen oder um Eroberungen eines ehrgeizigen Fürsten abzu‑
weisen."

Völker können irren wie einzelne Menschen. Die Geschichte
spricht ihr Urtheil, wer im Recht oder im Unrecht gewesen ist, und
auch dieses wird oft verschieden lauten, je nach der Nationalität
oder der Partei, welcher der Berichtende angehört hat. Selten sind
die Bürger eines Staates so unparteiisch, einen Krieg, den ihr Ober‑
haupt oder ihre Regierung beginnt, für sittlich ganz unberechtigt zu
halten. Immer werden sich wohl auch einige stichhaltige Gründe,
wenn auch vielleicht nur Scheingründe, für die Gerechtigkeit einer
Sache anführen lassen können. Die Gerechtigkeit wird in der Regel
von beiden Theilen behauptet, und man kann nicht sagen, daß die
gerechte Sache immer gesiegt hätte. Es kann sehr wohl sein, daß
ein kleines, sittlich hochstehendes Volk von einer barbarischen Völker‑
schaft mit ungeheurer Ueberzahl bewältigt wird. Aber wir haben

die Dinge hier nur in ihrer Allgemeinheit zu betrachten, und da lehrt uns denn die Geschichte, daß der Krieg eine beweisende Kraft hat. In einem Zusammenstoß zwischen uncivilisirten Völkerschaften wie den Germanen zu Anfang unserer Zeitrechnung mit einem Volke wie dem römischen, wird die Civilisation so lange den Sieg behalten, als sie noch eine wirkliche Civilisation ist. Diese Civilisation kennzeichnet sich nicht nur durch den Grad des Geschmackes, des Kunstverständnisses und der Entwickelung der Wissenschaften, welchen ein Volk erreicht hat, sondern auch dadurch, daß es sich die Grundlage sittlicher Kraft erhalten hat, daß es die Künste nicht mißbraucht, daß es noch edle und reine Ziele in denselben zu verfolgen versteht, daß in der Anschauung und Handlungsweise der Staatsbürger die Sucht nach Wohlleben und Gewinn nicht die ideale Weltanschauung und den Staatsgedanken verdrängt haben, was die Aufrechthaltung der militärischen Tüchtigkeit mit bedingt.

In einem Kriege zwischen civilisirten Staaten wird es darauf ankommen, welcher von ihnen sich am meisten von jenen Bedingungen bewahrt hat. Die militärische Tüchtigkeit wird dort auch am konsequentesten gepflegt werden.

Die Niederlage bildet gewöhnlich für den unterliegenden Theil einen vollgültigen Beweis seiner Mängel und Fehler. Sie ist ein gewaltiger Antrieb zur moralischen Wiedergeburt, und wo ein Volk dieser Mahnung nicht zu gehorchen versteht, dessen Untergang ist nicht fern. Es kommt hier nicht darauf an, ob solche Katastrophen überall einen Heilungsprozeß schnell zu Stande bringen. Es kann ein Volk unterjocht werden und leistet dem Unterdrücker durch seine Eigenart zähen Widerstand, bis ihm eine Herstellung gelingen kann. Solcher Beispiele giebt es in der Geschichte mehrere. Immer ist es der Krieg, welcher die sittliche Kraft wieder zu erwecken berufen war. Ist die Niederlage nur der erste Schritt zum gänzlichen Untergange eines morschen Staatskörpers, so bringt der Krieg die Veränderung eines Zustandes hervor, dessen ferneres Bestehen wahrscheinlich ethisch zu weit größeren Uebeln als der auswärtige Krieg geführt hätte. Aber die Natur erweckt stets Neubildungen. Sie bewirkt gleichsam eine ewige Auferstehung. Der Krieg ist ihr Werkzeug. Der befruchtende Samen des Sieges erweckt selbst aus der Niederlage neues Leben. Franzosen, Engländer, Spanier, Italiener und theilweise auch wir jetzigen Deutschen sind die lebendigen Beweise von der Allgewalt des Krieges. Mag dem

Besiegten und Unterdrückten sein Loos nach seinem Ermessen hart und ungerecht erscheinen, die Stimme der Geschichte wird sagen, daß der Krieg nur der Vollstrecker jener ewigen Gesetze war, welche verlangen, daß die Menschheit sich bewegt, nicht daß sie im Stillstande dahinsiecht. Hierin liegt, die Sache vom Standpunkt der Weltgeschichte aus betrachtet, die sittliche Rechtfertigung des Krieges.

Daß die Einführung des Christenthums in diesem Verlauf der Dinge nichts änderte, ist bekannt. Dasselbe gewann nur bei einer Minderheit der gesammten Menschheit Boden und gelangte zu vielen Völkern gar nicht. Der Krieg behauptete und zwar nicht nur zwischen Christen, Heiden und Mohammedanern, sondern auch unter den Christen selbst seinen Platz. Und dies würde ebenso gewesen sein, wenn auch die ganze Welt christlich geworden wäre. Denn Christenthum und Christen — mag man den Ursprung jener Lehre so hoch stellen, wie man will — stehen ebenso wenig wie alles Andere in der Welt außerhalb des Naturgesetzes.

Wenn aber das Christenthum an dem ewigen Gesetz des Kampfes und Krieges nichts ändern konnte, so wird es irgend eine politische oder soziale Theorie der Gegenwart auch nicht können.

Das Gesetz Christi — die Worte, welche uns als solche überliefert sind — enthält denn auch nicht ein einziges, den Bestrebungen der Gegenwart, insbesondere denen der eigentlichen Friedensmänner ähnliches.

Seine Lehre ist ausschließlich dem Verhalten und Seelenleben des einzelnen Menschen, dem Leben in der Gemeinde, dem Verkehr mit den Brüdern und der lehrenden und predigenden Thätigkeit seiner Anhänger gewidmet.

Seine Worte: „Wer das Schwert nimmt, soll durchs Schwert umkommen" kann man nur als eine Warnung vor Vergehen gegen das Leben, vor gewaltsamer Auflehnung gegen die Staatsgewalt verstehen, womit dann die Worte: „Jedermann sei Unterthan der Obrigkeit — —" und: „Gebet dem Kaiser was des Kaisers ist — —" vollkommen im Einklange sind. Auch kann man aus diesen Sätzen folgern, daß Christus die Befolgung eines etwaigen Aufgebotes zum Kriege mindesten nicht verboten hat.

Mag man nun seine Worte: „Ich bin nicht gekommen, Frieden zu bringen, sondern das Schwert" so auffassen, daß hiermit nur ein geistiger Kampf gemeint sei, so ist es durch die gesammte Geschichte der Menschheit bewiesen, daß der geistige Kampf immer endlich den äußerlichen herbeigeführt hat. Man könnte dem vielleicht entgegenhalten, daß Christus von der gewaltsamen Einführung seiner Lehre nirgends gesprochen, und daß das Christenthum, ohne daß ein Krieg der Christen gegen die Heiden in dem damaligen Weltreich geführt worden wäre, trotz mannigfacher Verfolgungen sich Bahn brach. Aber abgesehen von den inneren und äußeren Kämpfen des römischen Reiches, in denen der Gegensatz zwischen Christenthum und Heidenthum oft zu Tage trat — Constantin gegen Marentius — muß man fragen: Wie steht es in den späteren Zeiten, in welchen der Gegensatz zwischen Heidenthum, Mohammedanismus und Christenthum Jahrtausend lange Kriege herbeiführte, in welchen innerhalb des Christenthums mit Feuer und Schwert gegen angebliche Ketzer gewüthet wurde? Man kann erwidern, die gewaltsame Einführung des Christenthums war gegen den Geist des Christenthums. Zugestanden, aber selbst wenn dieser Geist auch in der Geschichte stets gewaltet hätte, so wären deshalb nicht der Kampf und der Krieg aus der Welt geschafft gewesen. Das Christenthum gebietet, seinen Leidenschaften Zügel anzulegen, aber kann es gebieten, sich unter die Füße treten zu lassen?

Die Behauptung von der Nothwendigkeit des Krieges steht also weder mit einem allgemeinen menschlichen noch mit dem christlichen Sittengesetz im Widerspruch.

Die gegensätzliche Behauptung entspringt sehr oft aus der Verwechselung von der Nothwendigkeit des Krieges, also dem Walten des Naturgesetzes selbst, und den Ursachen, welche einen Krieg herbeiführen, d. h. dem Willen derjenigen, welche ihn anfangen. — Hier kann natürlich wider das Sittengesetz gefehlt sein.

Den erhebenden Momenten des Krieges stehen andere gegenüber. Zuerst kann nicht geleugnet werden, daß die im Menschen schlummernde Bestie durch denselben gereizt wird. Die Kriegerehre, welche die Schonung des entwaffneten Feindes gebietet, wird des öfteren verletzt, indem der Kämpfer sich durch die im Kampfe wachgerufenen Leidenschaften zu Handlungen der Roheit und Unbarmherzigkeit hinreißen läßt. Die Rücksichtslosigkeit, mit der man im Kriege mit dem Hab und Gut der Einwohner umzugehen genöthigt ist, erscheint freilich als ein absolutes, den Krieg begleitendes Uebel, wird aber rohe Gemüther oft zu Unthaten aller Art verführen, wie sie früher in dem Recht der Plünderung einer mit Sturm genommenen Stadt u. s. w. systematischen Ausdruck fanden.

Hin und wieder werden dauernde moralische Schädigungen des Einzelnen die Folgen des Krieges sein. — Die Zerstörung des Eigenthums kann die Veranlassung zum körperlichen und moralischen Niedergang der betroffenen Einwohner werden. Lange Kriege können, besonders wenn sie mit einer Wildheit wie der dreißigjährige geführt werden, eine Schädigung des als Kriegsschauplatz dienenden Landes in jeder Beziehung zur Folge haben.

Von einer dauernden Schädigung der Moral durch den Krieg, welche sich durch die Vermehrung der Verbrechen gegen Leben und Eigenthum nach dem Kriege äußerte, ist nach den letzten großen Kriegen dieses Jahrhunderts nichts nachgewiesen. Dieses Uebel würde aber jedenfalls auch nur ein vorübergehendes sein.

Der Krieg ist in seinen Grundelementen unveränderlich, er erzeugt Herrliches und Großes, er erzeugt auch Böses und Niedriges. Er selbst ist weder ein absolutes Uebel noch ein unbedingter Segen, wie denn ein Naturgesetz weder böse noch gut sein kann, aber der Kulturzustand und die Eigenthümlichkeiten der Völker und Heere, welche ihn führen, geben ihm in den verschiedenen Epochen der Weltgeschichte einen verschiedenen Charakter.

Wir brauchen über die Uebel, welche der Krieg stets im Gefolge gehabt, uns hier nicht noch weiter zu verbreiten, denn dies geschieht täglich in ausgiebigster Weise, und die Betrachtung der materiellen Nachtheile, die wir schon in der Einleitung erwähnt haben, gehört nicht in dieses Kapitel, sondern wir wollen noch kurz den Mißbrauch des Krieges betrachten.

Der Mißbrauch kann darin bestehen, daß ein Staat oder ein Volk seine Gewalt gegen den schwächeren Staat ohne genügenden Grund zu dessen Vergewaltigung anwenden, diesen Staat verkleinern, vernichten oder sich in seine inneren Verhältnisse ohne Noth einmischen will. Der Mißbrauch des Krieges z. B. tritt in der europäischen Geschichte auf's Augenscheinlichste in den Kriegen Italiens im 15. Jahrhundert und Ludwigs XIV. im 17. zu Tage. Die Treulosigkeiten und Schurkereien, womit ein Staat den anderen betrügt, um ihn nach kaum geschlossenem Frieden wieder zu schädigen und ihn wenn möglich auf's Neue anzufallen, bieten ein widerwärtiges Schauspiel, sind aber Früchte einer schändlichen Politik, nicht des Krieges an und für sich.

Dies ist der politische Mißbrauch des Krieges, und die Menschheit wird vor einem solchen niemals ganz geschützt sein können. Jedes in der Welt befindliche Ding läßt sich im konkreten Falle mißbrauchen, damit ist nun seine absolute Schädlichkeit noch lange nicht erwiesen.

Der zweite Mißbrauch gehört augenblicklich, wenigstens in Europa, vergangenen Zeiten an. Er besteht in der Ausnutzung des Krieges selbst durch Söldnertruppen. Allerdings ist das Walten eines ritterlichen, selbst menschlichen Geistes unter ihnen, wie z. B. in den ersten Zeiten des Landsknechtwesens, nicht ausgeschlossen; auch hier können die vorhin erwähnten hohen Eigenschaften gezeigt und bewährt werden, aber das Söldnerthum entartet sehr leicht, und dann treten die uneblen Eigenschaften überwiegend hervor. Als schlimmster Typus erscheinen die Söldner des 14. und 15. Jahrhunderts und unter diesen insbesondere die Condottieri, denen bei dem ewigen Wechsel ihrer Herren die Tugend der Treue gänzlich abhanden gekommen war. Nicht nur, daß sie angesichts des Feindes meuterten, um ihren Willen gegenüber ihren Soldherren durchzusetzen, sondern sie wechselten auch mitten im Kriege schaarenweise ihre Fahne. Häufig erniedrigte sich auch der Kampf zu einem Scheingefecht der untereinander wohl bekannten Banden, welche den kriegführenden Mächten dienten. Dafür aber ließen sie Habsucht, Grausamkeit und sonstige Luster desto ungescheuter walten. Der Mißbrauch des Krieges durch den Einzelnen ist schon oben besprochen. Manche Verbrechen befördert eben der Krieg; andere aber, und auf die Dauer schlimmere, zeitigt der Frieden.

IV.

Das Heldenthum. Der kriegerische Geist.

Das Heldenthum besteht nicht nur darin, daß mit Daransetzung des Lebens und unter Aufwendung aller dem Menschen innewohnenden Kräfte außergewöhnliche Thaten ausgeführt werden, sondern der wahre Held muß die Eigenschaften der Selbstüberwindung und somit der Tapferkeit, der Ausdauer, der Mannszucht, der

Kriegerehre, der Treue in sich im höchsten Grade vereinigen. Es gilt also hier eine Potenzirung der Eigenschaften, welche den Mann zu einem guten Krieger machen. Schon vorhin haben wir bemerkt, daß die Tapferkeit keineswegs nur ein Erzeugniß eines guten Nervensystems ist; daß aber ein Mann mit schlechtem Nervensystem in der Regel nicht geeignet sein wird, ein Held zu werden, braucht nicht bewiesen zu werden, denn ein Mensch, der in sich selbst einen fortwährenden Kampf zwischen seinen Nerveneindrücken und seinem Willen zu führen hat, wird nicht die Fähigkeit besitzen, seine geistigen und körperlichen Eigenschaften zur Ausführung seiner Absicht voll zu gebrauchen.

Ein klarer Kopf und schnelles Verständniß sind dem Manne nöthig, der befähigt sein soll, die Verhältnisse, die ihm entgegentreten, schnell auszunutzen, um den Gegner niederzuwerfen. Um aber dies zu vermögen, dürfen Willenskraft und Charakter nicht fehlen. Es ist etwas Anderes, einmal eine glänzende That, vielleicht durch Temperament dazu getrieben und durch die Umstände begünstigt, auszuführen, als ein Held zu sein, d. h. ein Mann, der auch unter ungünstigen Verhältnissen sich die Ruhe der Anschauung, die Stärke der Seele, die Schnelligkeit des Entschlusses zu wahren im Stande ist.

Der Begriff des Heldenthums ist ein sehr ausgedehnter. — In den Zeiten des „Kampfes" mag die Bethätigung körperlicher Kraft das Merkmal eines Helden gewesen sein, auch hat dieselbe lange, nachdem aus dem Kampfe der Krieg hervorgegangen war, in erster Linie gestanden. Fast jedes Volk hat seine „Heroenzeit", so beliebt man jene Epoche eigentlich mit Unrecht zu nennen, da das Heldenthum damals noch gar nicht so ideal entwickelt sein konnte wie in den Zeiten, in denen sich die Begriffe der Ehre, Pflicht, Mannszucht besser ausgebildet hatten.

Das Heldenthum schließt eine aktiv wirkende Kraftäußerung in sich, es kann nicht gedacht werden ohne den Kampf. — Zwar sagt man: er hat gelitten wie ein Held, und es ist bekannt, daß Ausdauer, Standhaftigkeit und Widerstandsfähigkeit gegen den Schmerz uns diesen Namen oft auf die Zunge legen. Aber die muthige Ertragung von Leiden schließt bei weitem nicht alle die Seiten des Heldenthums in sich ein, die wir oben schon aufgezählt haben. — Der Märtyrer, welcher, ohne Widerstand zu leisten, für seine Ueberzeugung durch Qualen und Tod geht, kommt dem

wahren Helden schon näher, denn er hat einen geistigen Kampf
begonnen, welcher ihn zum Tode geführt hat. Er hat dann dem
bewaffneten Widerstande freiwillig und aus Prinzip entsagt. — Niemals aber wird man denjenigen einen Helden nennen können,
welcher zur Vertheidigung seiner Stellung mit den Waffen in der
Hand berufen und verpflichtet, sich freiwillig unterwirft, wenn er
auch nachher durch Standhaftigkeit und würdiges Verhalten dem
Tode gegenüber unsere Theilnahme zu erwecken vermag. Niemand
wird Ludwig XVI. als Helden bezeichnen trotz seiner Würde und Ruhe
im Gefängniß, vor dem Konvent und auf dem Schaffot. Auch der
Titel des „Roi-martyr" paßt für ihn nicht, denn der Märtyrer muß
zuvor seine Ueberzeugung muthig vertreten haben, was Ludwig XVI.
offen und ehrlich nie gethan hatte. — Ein geistig Schwacher kann
nie ein Held sein.

Dicht neben den Kriegshelden muß man den Reformator
stellen, welcher, dem Vorurtheil und der Verachtung trotzend, sich
unter Umständen der Gefahr an Leib und Leben wie Luther, Huß,
Savanarola aussetzend, dem inneren Drange gehorcht, mit seiner
Ueberzeugung, sei es gegen irgend eine Despotie, sei es gegen die
Vorurtheile von Standesgenossen, oder die der Masse des Volkes,
hervorzutreten.

Hierzu gehört eine seltene Größe. Der Bann der Vorurtheile
ist für Manchen schwerer zu ertragen als die feindlichen Geschosse.
Sehr häufig aber vereinigt sich der Muth, welcher diesen trotzt,
auch mit dem Muth der Ueberzeugung. Eins der erhabensten Beispiele dieser Art bildet ein großer Sohn unserer großen Feindin,
der französischen Nation. Das war der Marschall Vauban, der
gleich geniale Erbauer, Vertheidiger und Angreifer der Festungen.
Getroffen von dem immer größer werdenden Elend des Volkes,
von dem sich zeigenden moralischen und materiellen Verfall, das in
der Ferne sich bildende Ungewitter ahnend, überreichte er seinem
Könige, die Stimme der Wahrheit erhebend, 1706 ein Buch, welches
die Wiedereinführung des Edikts von Nantes und den Ersatz der
thörichten Finanzwirthschaft durch eine einzige Steuer forderte. —
Als Antwort ließ Ludwig das Buch des alten berühmten Kriegs-
mannes an den Schandpfahl schlagen und nannte ihn einen „Narren
aus Liebe fürs öffentliche Wohl". Vaubans Leib war mit zwanzig
Wunden bedeckt; die vom Könige geschlagene tödtete. Sechs
Wochen später starb Vauban. Nach diesem waren der Marschall

Catinat und der große Turenne die Einzigen, die sich erlaubten, hin und wieder dem Könige ein freies Wort zu sagen.

„Majestät, das ist wider meine Ehre!" antwortete ein preußischer Oberst Friedrich dem Großen, welcher ihm befahl, zur Vergeltung für die in Charlottenburg vom Feinde angerichteten Verwüstungen das Schloß Hubertsburg auszuplündern, und erwarb sich damit als Kriegsheld auch den Ruf eines Helden der Wahrheit. Es liegt etwas sehr Richtiges darin, wenn man von der Offenheit des Soldaten spricht. Der Krieg bildet Charaktere.

Helden sind gleichfalls jene Reformatoren der Wissenschaft, welche sich dem Spott der Zünftigen aussetzten, indem sie, ihrem Genius folgend, neue bahnbrechende Gedanken zur Geltung zu bringen suchten. — Denn es liegt in der menschlichen Natur, daß der Spott zu allererst die Ueberzeugung wanken läßt.

Wir haben gezeigt, daß wir den Helden der Reform, der Wissenschaft hoch stellen, aber abgesehen davon, daß der Kriegsheld sich mit demselben oft einen kann, fällt für die höhere Werthschätzung des letzteren mancherlei in's Gewicht, was dem Helden des Wortes und der Schrift versagt bleibt, das ist die Schnelligkeit des Entschlusses, die Ueberwindung des Eindruckes der vor Augen tretenden Schrecknisse des Krieges, die Unmittelbarkeit der Gefahr. So steht für uns der Kriegsheld höher als der nur auf geistigem Gebiet kämpfende, aber gesetzt selbst, man wollte sie in voller Gleichheit nebeneinander stellen, so würde das Verschwinden des Kriegshelden dem Heldenthum seine farbenreichste und anziehendste Blüthe rauben.

Wie? Unsere Jugend soll, wenn man ihr immer und immer wieder das Lied von der Grausamkeit, Verwerflichkeit, Irreligiösität des Krieges, der Herrlichkeit und der Wonne des Friedens singt, keinen Begriff mehr erhalten, welche hehren Geisteskräfte der Krieg im Heldenthum in Bewegung setzt? Sie sollen die Helden des Alterthums, die Miltiades, Themistokles, Scipio, Alexander und Cäsar, die Gestalten der deutschen Sage, die Vertreter der Kraft und Treue, die großen Königs-Feldherren einen Carolus Magnus, Barbarossa, Heinrich IV. von Frankreich, Heinrich V. von England, Gustav Adolf, Friedrich, Wilhelm I., die sollen sie nur als Opferer am Altar eines blutigen Wahns, eines Molochs, als Schlächter ansehen lernen?

Die Erhebung der Seele, welche durch das Beispiel der höchsten Anspannung aller geistigen Kräfte, wie sie im Verhalten des Leonidas in dem Beschluß, den Paß der Thermopylen nicht zu räumen, sich offenbart, das Opfer des preußischen Leonidas, der bei Hochkirch mit seinen Sechshundert den Kirchhof gegen 22 feindliche Bataillone hält, bis er und der größte Theil der Seinen den blutigen Boden decken, der Heldenmuth eines ganzen Volkes, als die Athener ihre geliebten Heimstätten verließen, um die Schiffe zur Heimath zu machen, die Standhaftigkeit der Römer im Ausharren im Kampfe gegen die Karthager, die Thatkraft und List eines Hermann, die schwärmerische Begeisterung der Kreuzfahrer, das Bild der Schweden, auf den Knieen liegend vor der Schlacht, umbraust von dem „Ein' feste Burg", der unvergeßliche Heldenkampf der sieben Jahre, der große König im Sieg und Unglück, im Schlosse zu Lissa und in der Verzweiflungsschlacht bei Kunersdorf, Prinz Eugen der edle Ritter, die Türken in die Theiß stürzend, Schwerin oder Erzherzog Karl, mit der Fahne in der Hand Leib und Leben opfernd, die Willenskraft und der Heldentod eines Scharnhorst, Napoleon auf dem Schimmel, vom Strome der Flüchtigen von Waterloo fortgerissen, — und so vieler tausend anderer, aller Nationen, Freunde und Feinde — alles dies soll nicht mehr auf Gemüth, Phantasie, Kraftbewußtsein unserer Jugend wirken? Alles dies ist ein Wahn, ist nicht werth, die Flamme der Begeisterung zu nähren — denn der Krieg ist eine Verletzung des Sittengesetzes, ist eine „Schlächterei", seine Helden sind die „Geißel der Menschheit". — Die höchsten Idealgestalten der Menschheit sind die auf dem Schlachtfelde gefallenen Dichter. Der höchste Aufschwung des Seelenlebens ist dem Dichter eigen. Leben verleiht er den Gestalten seiner Phantasie, er lebt fort im Gedächtniß seines Volkes — hat er aber sein Leben darangesetzt, hat er die Poesie mit der That geeint, so ist er selbst seines Wortes Erfüllung. Auch diese Gestalten, die eines Ewald v. Kleist, eines Körner würden ihren Zauber verlieren, gingen die angeblichen „Ideale" der Friedens=männer in Erfüllung.

Dort sitzt die Mutter des im Kriege Gefallenen einsam in ihrem Gemach; sie blättert in den letzten, schon vergilbten Briefen, die er von den Schlachtfeldern schrieb, und ihre Thränen fallen darauf im nie erlöschenden Schmerz der tiefsten Liebe, die Gott der Menschheit gab — da richten sich ihre Blicke auf den Brief des Hauptmannes ihres Sohnes. Da steht: Dein Sohn starb ein Held! Sein letztes Wort war: Sagt mir, ob wir gesiegt haben! Da wird der

Blick der Alten heller, die Thränen fließen nicht mehr. Sie blickt leuchtenden Auges zu seinem Bildniß auf.

Du hast Unrecht, thörichtes Weib, Dein Sohn starb ein Massenmörder und Schlächter.

Aber selbst wenn man auf Seiten der Friedensmänner sich der Erhabenheit des Heldenthums für die Vergangenheit nicht ganz verschließen wollte, so könnte solche Anerkennung doch keinen Eindruck machen, wenn man den Krieg selbst als ein absolutes Uebel und meist sogar als ein Verbrechen, als der Gegenwart und unserer Civilisation unwürdig darstellt. Denn das Heldenthum sind aus dem kriegerischen Geiste geboren, ohne den, wie wir schon oben sagten, ein absoluter Fehlbetrag in einem Volke vorhanden ist.

Könnten wir uns ein Volk ohne Heldenthum und ohne Verehrung des Heldenthums wirklich denken, so wäre dies Volk mit einem Menschen, der einen Sinn verloren, mit einem Krüppel zu vergleichen. Denn abgesehen davon, daß es unkriegerischen Geistes werden würde, untüchtig zum Kampfe, die Beute jedes Feindes, so ist ein Stück Heldenthum auch für viele industrielle und Handelsunternehmungen nöthig.

Am meisten würden die Unternehmungen leiden, welche in der Ausbreitung unseres Handels in uncivilisirten Gegenden und in der Gründung von Kolonien bestehen. Hier trifft das Wort Goethes noch zu: „Krieg, Handel und Piraterie, dreieinig sind sie, nicht zu trennen."

Wie will man Kolonien gründen, ohne zum Kriege greifen zu müssen? Und wie sollte jene Civilisation, welche in allen jenen Agitationen der Friedensmänner niemals als ein Hauptstichwort fehlen darf, weiter ausgebreitet werden? Was würde Amerika jetzt sein, wenn zu Kolumbus' Zeiten solche Anschauungen die Oberhand gehabt hätten? Wer schloß China auf? Der Krieg! In wie fern ist hierin jetzt ein Unterschied gegen frühere Zeiten?

Als erstes thatsächliches Anzeichen, daß ein schwacher und nicht unternehmender Geist im deutschen Volke herumgeht, kann man die verhältnißmäßig geringe Theilnahme an der Kolonialpolitik erkennen. Es mag sein, daß eine Anzahl unter den Feinden derselben aufrichtig überzeugt davon ist, daß Kolonien uns keinen wirthschaftlichen Nutzen bringen können. Die Geschichte zeigt, daß, um dies Ziel zu erreichen, Zeit und Ausdauer nöthig sind, aber im Ganzen ist eine geringe Theilnahme auch für die ideale Seite der

Sache erkennbar, d. i. das dort in Afrika, im Dienst der Wissenschaft, zur Ehre und zum Nutzen des Vaterlandes und der Menschheit gezeigte Heldenthum. — Denn die dort wirkenden Forscher, Gelehrte und Soldaten zugleich, mit dem Griffel der Wissenschaft und dem Gewehr arbeitend, leidend, blutend und sterbend für einen großen Zweck, die Gordon, Nachtigal, Wißmann, Gravenreuth, Emin Pascha, das sind jetzt die einzigen der Gegenwart leuchtenden Sterne des Heldenthums, und ihre Thaten finden nicht den Widerhall in unseren Herzen, den sie verdienen.

Clausewitz nennt den Krieg an einer Stelle „einen Akt des menschlichen Verkehrs". Das klingt etwas paradox, ein Verkehr mit Gewehr- und Granatschüssen, und doch ist es richtig. Denn durch den Krieg erst sind in der Weltgeschichte die Völker zusammengekommen, haben sie voneinander gelernt, haben sie sich vermischt. Und in Bezug auf die oben berührten Seiten der Handels- und Kolonialunternehmungen gewinnt jener Satz des großen Kriegsphilosophen thatsächliche praktische Bedeutung auch jetzt noch. — Ohne den Krieg, ohne das Heldenthum sind solche Akte des Verkehrs nicht möglich. — Es ist ja selbstverständlich, daß bei Handels- oder Kolonialunternehmungen der Gebrauch der Waffen nicht immer nöthig wird. Aber die Befähigung und das Bewußtsein, daß diese ultima ratio hinter jeder dergleichen Unternehmung steht, die müssen vorhanden sein.

Oder will man den Krieg nur unter den civilisirten Nationen abschaffen? Will man ihn für die Neger und Indianer allein aufsparen? Es würde dies schlecht mit der Predigt von der allgemeinen Humanität und Menschenliebe zusammenpassen. Man täusche sich nicht! Der kriegerische Geist und das Heldenthum lassen sich nicht auf der einen Seite unterdrücken und auf der anderen wieder heranholen. Und wenn man selbst mit unkriegerischen Soldaten oder eingeborenen Soldtruppen an den Küsten und dem nächsten Hinterlande eines Kolonireiches mit allen den technischen Werkzeugen der Neuzeit den Sieg erringen würde, zu den Zügen in das Innere des dunklen Welttheils brauchen wir das doppelte Heldenthum, welches nicht nur die eingeborenen Soldschaaren vorwärts treibt, sondern sie auch zugleich selbst in Respekt und Gehorsam hält. Und so lange wir unser Blut nicht selbst daran setzen, wie es die deutschen Ordensritter, wie es Engländer, Spanier,

Portugiesen, Holländer und Franzosen thaten, so lange wird es mit unseren Kolonien nicht ordentlich vorwärts gehen.

Falls nun der Held in seinem Wirken ein größeres Feld findet, sei es durch fürstliche Geburt, oder indem er es durch seine Thaten und seine Kraft erwirbt; falls sein Heldenthum zugleich die Befähigung in sich schließt, Heere zu leiten, dieselben mit seinem Geiste zu erfüllen, sie zu entscheidenden Schlachten zu führen: so wird der Held zum Feldherrn.

V.
Das Feldherrnthum.

Nicht jeder höhere Führer, mag er auch an die Spitze sehr bedeutender Truppenmassen gestellt sein, ist ein Feldherr. Es kommt auch auf die Größe der Heere hier nicht so sehr an. Streng genommen kann man als Feldherrn nur den bezeichnen, der die ganze Armee seines Vaterlandes befehligt, sei er nun das Staatsoberhaupt selbst, oder ein von demselben beauftragter höherer Führer. Bei sehr großen Armeen, welche getheilt auftreten, oder falls sich der Krieg auf räumlich weit getrennten Schauplätzen abspielt, kann man aber mit Recht die Führer der einzelnen Heerestheile Feldherren nennen. So z. B. Massena in Spanien 1810—12, die Befehlshaber der einzelnen Armeen der Verbündeten 1813, 14, 15; Radetzky in Italien 1848—49, der Kronprinz und Prinz Friedrich Karl 1866 und 1870—71; Benedek 1866, Bazaine, Mac Mahon 1870 u. s. w.

Ein Korpsführer befehligt heute gewöhnlich 30,000 Mann; König Friedrich hatte bei Leuthen nicht mehr Streiter, dennoch ist jener im Armeeverbande der Gegenwart kein Feldherr, dieser einer der größten der Geschichte. Auf Kolonialkriegsschauplätzen haben Generale das höchste Feldherrntalent an der Spitze von 5—6000 Mann zu beweisen Gelegenheit gehabt. Denn die Bewegung großer Massen ist nur ein Theil der Feldherrnkunst und fällt mehr in den eigentlich technischen Betrieb. Die höchsten Seiten der Feldherrnkunst liegen auf anderem Felde, wie in Nachfolgendem dargelegt werden soll. Es handelt sich hauptsächlich darum, **wann und wozu** man die Massen bewegt.

Keine Kunst auf der Welt ist einer so allgemeinen Kritik ausgesetzt wie die Feldherrnkunst. Es kommt dies daher, weil die übergroße Mehrzahl der Menschen die Thätigkeit des Feldherrn erst, nachdem die Wirkung der Operationen sichtbar, also post festum, und einzig und allein nach den äußerlichen mechanischen Bedingungen des Handelns beurtheilt. Diese äußeren Bedingungen erscheinen so einfach, daß der richtige Weg nach dem Urtheil jedes Philisters am Biertisch nur durch eine übergroße Dummheit des befehligenden Feldherrn verfehlt worden ist. Diese Art der Beurtheilung fand in alter und neuer Zeit statt, zur Zeit des Themistokles und des Scipio wie zur Zeit Moltkes, Napoleons III. und Benedeks. Ihr hat sich dann in vielen Fällen das Geschrei über Verrath angeschlossen. — Aber auch während der Feldzüge sehen wir oft schon die Handlungsweise des Feldherrn von Laien der Kritik unterzogen. Aemilius Paulus sagte zu den Römern, ehe er das Heer zum Kampf gegen König Perseus nach Griechenland führte: „Es giebt hier Leute in den Trinkstuben, die Heere nach Macedonien führen und auf's Genaueste wissen, wo die Lager, die Schanzen anzulegen sind, wo man hätte eindringen, wo und wie man hätte schlagen müssen. Wohl wünschte ich mir Belehrung und Rath", fuhr der Konsul mit treffender Ironie fort, „aber die ihn geben wollten, müßten bei mir sein, **meine Lage sehen, meine Gefahren theilen.** Ist nun Jemand unter Euch, der sich zutraut, mir im Kriege zu rathen, der mache sich auf nach Macedonien, er soll ein Pferd und Zehrung erhalten. Wer aber diese Mühe scheut, der befehle auch nicht von Rom aus, sondern schweige und bedenke, daß wir uns im Lager genügend berathen werden."

Diese treffende Kritik der Philisterkritik hinter'm Ofen gilt für alle Zeiten und Umstände, und die dort charakterisirte Art existirt heute sogar in weit größerem Umfange. Auch der mittelmäßigste Feldherr wird in der Regel noch mehr Urtheil über diese Dinge haben wie die allermeisten ihn verurtheilenden oder ihm ihren Rath spendenden Besserwisser.

Eine Besserung hierin kann wiederum nur erreicht werden, indem man dahin strebt, der Gesammtheit des Volkes, die ungeheuren Schwierigkeiten der Thätigkeit des Feldherrn möglichst klar vor Augen zu stellen.

Das Buch von Clausewitz „Vom Kriege" fängt jetzt an in weiteren Kreisen etwas bekannter zu werden. Popularität im eigentlichen Sinne des Wortes wird es wie die meisten philosophischen Schriften nie erringen. Indeß zeichnet es sich gerade vor vielen derselben dadurch aus, daß es in der einfachsten, schönsten und verständlichsten Sprache sehr viele aus dem praktischen Leben und aus der Erfahrung gegriffene Betrachtungen enthält. Etwas Besseres über die im Kriege waltenden Kräfte ist überhaupt noch nicht geschrieben worden, und so will ich denn in meiner Auseinandersetzung über den Feldherrn von einer Darlegung von Clausewitz ausgehen, welche uns sagt, wie das Wissen desselben beschaffen sein muß.

„Der Feldherr braucht weder ein gelehrter Geschichtsforscher noch Publizist zu sein, aber er muß mit dem höheren Staatsleben vertraut sein, die eingewohnten Richtungen, die aufgeregten Interessen, die vorliegenden Fragen, die handelnden Personen kennen und richtig ansehen; er braucht kein feiner Menschenbeobachter, kein haarscharfer Zergliederer des menschlichen Charakters zu sein, aber er muß den Charakter, die Denkungsart und Sitte, die eigenthümlichen Vorzüge und Fehler derer kennen, denen er befehlen soll. Er braucht nichts von der Einrichtung eines Fuhrwerkes, der Anspannung der Pferde eines Geschützes zu verstehen, aber er muß den Marsch einer Kolonne seiner Dauer nach unter den verschiedenen Umständen richtig zu schätzen wissen. Alle diese Kenntnisse lassen sich nicht durch den Apparat wissenschaftlicher Formeln und Maschinerien erzwingen, sondern sie erwerben sich nur, wenn in der Betrachtung der Dinge und im Leben ein treffendes Urtheil, wenn ein nach dieser Auffassung hin gerichtetes Talent thätig ist. Das einer hochgestellten kriegerischen Thätigkeit nöthige Wissen zeichnet sich also dadurch aus, daß es in der Betrachtung, also im Studium und Nachdenken, nur durch ein eigenthümliches Talent erworben werden kann, das wie die Biene den Honig aus der Blume, als ein geistiger Instinkt aus den Erscheinungen des Lebens nur den Geist zu ziehen versteht, und daß es neben Betrachtung und Studium auch durch das Leben zu erwerben ist. Das Leben mit seiner reichen Belehrung wird niemals einen Newton oder Euler hervorbringen, wohl aber den höheren Kalkül eines Condé oder Friedrich . . . . . .

„Es hat nie einen großen ausgezeichneten Feldherrn beschränkten Geistes gegeben, aber sehr zahlreich sind die Fälle, daß Männer, die in geringeren Stellen mit Auszeichnung gedient hatten, in der höchsten unter der Mittelmäßigkeit blieben, weil die Fähigkeiten ihres Geistes nicht zureichten."*)

Es ist überflüssig, zu dieser vortrefflichen Charakteristik etwas hinzuzusetzen, sie erläutert sich selbst. Aber, wie Clausewitz an anderer Stelle auseinandersetzt, ist die Zeit vorüber, wo man in der Thätigkeit des Feldherrn — Kriegführung, Strategie, Taktik — eine Wissenschaft sah. Die Kriegführung, die Feldherrnthätigkeit besitzt als Hülfsmittel verschiedene Wissenschaften, sie selbst ist eine Kunst, die Feldherrnkunst, und zwar ist diese Kunst die freieste aller Künste.

Es gilt also, wie in jeder Kunst, das Wissen in das Können umzusetzen.

Die Lehrsätze einer Kunst sich anzueignen, dazu bedarf es des Studiums und einer guten und richtigen Auffassungsgabe. Die technische Fertigkeit, welche zur Ausübung der Kunst nöthig ist, zu erwerben, dazu bedarf es der Ausdauer und Geschicklichkeit. — Zum Schaffen von selbstständigen Kunstwerken aber — die diesen Namen verdienen — gehört Geschmack, Erfindungsgabe, Phantasie, ein besonderer Grad von technischer Fertigkeit, Begeisterung, wahres Verständniß für den darzustellenden Gegenstand, mit einem Wort das, was man Genie nennt. —

Abgesehen von den Schwierigkeiten, die im Künstler selbst liegen, hat er auch deren äußere in mancher Beziehung zu überwinden. Dahin kann man, insbesondere in der Baukunst, Bildhauerkunst und Malerei, rechnen: Mangelhaftigkeit des Materials, unzureichende technische und finanzielle Mittel, Gleichgültigkeit und mangelndes Verständniß der Hülfskräfte oder Mitarbeiter, Wettereinflüsse u. s. w.

Alle die hier bei Ausübung der Kunst sich einstellenden Verhältnisse treffen auch auf die Feldherrnkunst zu. Allerdings sind in einzelnen unter besonderen Umständen geschlagenen Kriegen Feldherren aufgetreten, welche vorher nie Soldaten gewesen waren und ihre Schaaren dennoch zum Siege führten, denen daher die technische Fertigkeit abging. Aber hier wirkten besondere Umstände mit. Insbesondere gelang es solchen Feldherrn gewöhnlich dann, wenn sie es

---

*) Hiervon sind in der neueren Zeit augenscheinliche Beispiele: Benedek, Mac Mahon, Bazaine.

möglich machten, ganz urwüchsige natürliche Mittel, deren Gebrauch der Kriegskunst der betreffenden Zeit verloren gegangen war, auf den Schild zu erheben, wie z. B. in den Hussitenkriegen, in den Vendée=kriegen, im Kampfe der Tiroler 1809 geschah. Es ist dies ein Beweis, wie mächtig der Krieg auf die Gemüther wirkt und wie er die schlummernden Volkskräfte zu wecken im Stande ist.

Im Allgemeinen aber kann der Feldherr, gerade in jetziger Zeit, eine technische Vorbildung so wenig entbehren wie ein anderer Künstler. Nun treten aber Momente hinzu, welche der Kunst des Feldherrn ganz eigenthümlich sind.

Das erste Moment ist, daß eine feindliche geistige und mate=rielle Macht den Plänen und der Willensthätigkeit des Feldherrn bewußt entgegenarbeitet, sie zu vereiteln, die eigenen Absichten aber durchzusetzen, und, um dies zu erreichen, den Feldherrn mit seinem Heere zu vernichten sucht. — In keiner anderen Kunst ist dies der Fall, alle anderen haben nur mit der Sprödigkeit und der Ungefügigkeit des Materials, oder mit dem Ungeschick der Mit=arbeiter zu rechnen, niemals mit einer bewußt gegen sie arbeitenden feindlichen Kraft.

Man könnte versucht sein, dies von den andern Künstlern auch in sofern zu behaupten, als sie erstens absichtlich in der Herstellung ihres Kunstwerkes durch Machinationen gestört werden können, doch sind dies Ausnahmen, die in eine allgemeine Betrachtung nicht passen. Man könnte ferner sagen, daß bei der Aufnahme eines Kunstwerkes durch die öffentliche Meinung sich bewußt feindselig wirkende Kräfte geltend machen könnten. Insbesondere läge es nahe, dies von dem Schaffen des dramatischen Dichters zu behaupten. Aber, abgesehen davon, daß man in dem Wirken solcher Kräfte doch auch nur Zufälligkeiten entdecken kann, die gegenüber einer wirklich guten Leistung auf die Dauer nie Stich halten werden, so kann man diese Umstände auch deshalb nicht mit der gegen den Feldherrn wirkenden feindlichen Macht in Parallele stellen, weil das Kunstwerk des Dichters als solches bereits vollendet ist, wenn es aus der Hand des Künstlers hervorgeht, der Feldherr aber, in seiner Arbeit und in der Vollendung desselben begriffen, von der gegen ihn arbeiten=den feindlichen Macht gestört und gehindert wird. — Zudem ist das Kunstwerk des Feldherrn, also die Ausführung seines Planes, seiner Entschlüsse in den wechselnden Verhältnissen des Krieges bestimmt, nur einmal zu wirken, aber dann auch auf dem Theater der Weltgeschichte, auf der furchtbaren Bühne des blutigen Zusammenstoßes feindlicher Mächte und der Verantwortung. —

Zum zweiten ist das Material, mit welchem der Feldherr arbeitet, um sein Kunstwerk zu Stande zu bringen, nicht nur ein todtes, Gewehre, Geschütze, blanke Waffen, Proviant des Heeres, sondern ein lebendiges, bestehend aus Menschen, Pferden oder ähnlichen im Kriege verwendbaren Thieren. — Thiere wollen ernährt sein, sie sind den Einflüssen des Hungers, der Witterung, der übergroßen Anstrengungen, der Seuchen ebenso ausgesetzt wie die Menschen. In diesen aber wirken Begeisterung, Disziplin, glückliche Erfolge als den moralischen Zustand hebende — Niederlagen, körperliche Leiden als den geistigen Zustand, die Stimmung, den Muth, die Zuversicht tief herabdrückende Elemente. Aber nicht nur das, sondern jede Maßregel, jeder Befehl der Führung wirkt auf den inneren Zustand des Heeres ein. Die sichere, entschlossene Führung erhebt und kräftigt; fühlen der Unterführer und der Soldat aber ein unsicheres, schwankendes Verhalten, sehen sie endlich sogar die Folgen falscher Maßregeln, so setzt sich das moralische Element im Heere bedenklich herab.

Oft auch halten Unterführer und Soldaten Maßregeln des Feldherrn für falsch und unsicher, die es thatsächlich gar nicht sind, weil ihnen die Einsicht in die Verhältnisse fehlt. So z. B. wird eine gute thatendurstige Armee ein längeres Hinhalten der Entscheidung — mag es auch noch so begründet sein — immer schmerzlich empfinden und oft für Unentschiedenheit und Zaghaftigkeit der Führung auslegen. In diesem Falle kann der Feldherr — da er ja von seinen Absichten nichts verlauten lassen darf — nur durch das ruhigste, zuversichtlichste persönliche Verhalten seinem Heere Vertrauen und Glauben an ihn einflößen.

Neid und Verleumdung, diese ewigen Begleiter der Tüchtigkeit und des Glückes, werden ihre Stimme erheben. Zu großes Selbstbewußtsein, Eigensinn der Unterführer können dem Feldherrn die Lösung seiner Aufgabe erschweren. — Wie schädlich persönliche Reibungen einzuwirken vermögen, hat man in vielen Kriegen, auch in den letzten, erkennen können.

Ein plötzlich eintretender panischer Schrecken kann die besten Anordnungen in ein Nichts auflösen; von Verrätherei und Parteigetriebe im Heere, wie sie in neueren und älteren Kriegen vorgekommen, wollen wir gar nicht einmal sprechen.

Dies sind die hauptsächlichsten Schwierigkeiten, welche aus dem lebenden Material erwachsen, in dem der Feldherr arbeiten muß.

Dagegen muß angeführt werden, daß er, falls in seinem Heere gute Mannszucht und eine gute Stimmung herrschen, auch außergewöhnlich in seiner Thätigkeit begünstigt wird. Immer aber muß er in eine innere, aus seinen persönlichen Eigenschaften und seinem ganzen Wesen, aus seinem besten Sein hervorgehende Verbindung mit seinem Material treten. Es muß hier Geist zu Geist sprechen. Endlich wirken die Leiden, Entbehrungen und die Stimmungen der Masse des Heeres ihrerseits auf das Gemüth des Feldherrn ein und erschweren es diesem, das zur Ausübung seiner Thätigkeit nöthige Gleichgewicht der geistigen Kräfte bei sich selbst zu erhalten.

Rein äußere Einflüsse, vor Allem die Jahreszeit und das Wetter, wirken oft einschneidend auf die Ausübung der Feldherrnkunst ein. Eine fortgerissene Brücke, ein grundlos gewordener Weg können das rechtzeitige Eintreffen eines Korps verhindern und eine Schlacht — damit vielleicht einen Feldzug — verloren gehen lassen.

Ebenso kann die Eigenthümlichkeit der Gegend und des Geländes, falls sie nicht vorher genügend in Berechnung gezogen worden ist, verderbenbringend oder hindernd wirken.

Endlich spielt der Zufall im Kriege eine große Rolle. Mißverständnisse sind, da wenige Menschen im Augenblick der Gefahr ihre volle Besonnenheit behalten, sehr häufig und können auch durch den besten Generalstabsdienst nicht immer vermieden werden.

Alle diese aus ungünstigen Zufälligkeiten, menschlichen Schwächen, Mißverständnissen, Witterungseinflüssen und Bodenverhältnissen entstehenden Hemmungen nennt Clausewitz die Friktion im Kriege und erklärt, daß nur ein durchdringender Verstand und sehr fester Charakter geeignet seien, ihre ungünstigen Einflüsse auszugleichen, oder wenigstens abzuschwächen. In Ueberwindung ähnlicher Schwierigkeiten hat die ärztliche Kunst noch die meiste Aehnlichkeit mit der Feldherrnkunst.

Ein weiteres, in keiner anderen Kunst zur Geltung kommendes Moment ist die Unsicherheit der Lage, in welche sich der Feldherr im Kriege stets versetzt sieht und welche nur in Ausnahmefällen einer sicheren Erkenntniß über die Maßregeln des Feindes weicht. Ueber die Stärke und die Organisation der gesammten feindlichen Armee ist man gewöhnlich in jetziger Zeit unterrichtet, aber über ihre Versammlungspunkte und alle weiteren im Laufe des Feldzuges vorkommenden Bewegungen, Verstärkungen und anderen Maßnahmen gehen durchschnittlich nur sehr unvollkommene Nachrichten durch Kundschafter, Patrouillen, Landeseinwohner, Gefangene u. s. w. ein. Aus diesen sich oft widersprechenden Nachrichten sich ein einigermaßen richtiges Bild zu machen, um danach seine Entschlüsse zu fassen, ist eine weitere größere Anforderung an den Feldherrn.

Nun aber erscheinen die Momente, welche für die Beurtheilung der Feldherrnthätigkeit die gewichtigsten und entscheidendsten sind.

Das erste ist die Gefahr im Kriege. Wer von dem Eindruck derselben auf den Menschen und demzufolge auf die von ihm in der Gefahr ausgeübte geistige Thätigkeit, sich ein richtiges Bild machen will, dem empfehlen wir das kurze 4. Kapitel des I. Buches „Vom Kriege" von Clausewitz zu lesen, es wird dann dem Unerfahrenen ebenfalls verständlich sein, daß ein außergewöhnlicher Mensch oder sehr lange Gewohnheit dazu gehören, um auf dem Schlachtfelde seine Verstandesgaben mit aller Schärfe wie im Zimmer und außerhalb jeder Gefahr wirken zu lassen. Wir verstehen hier unter „Gefahr" nicht nur die für Leib und Leben, sondern auch diejenige, welche mit dem Beginn einer Kriegshandlung immer in Bezug auf Gelingen oder Mißlingen derselben vorhanden ist. Auch rechnen wir den Gesammteindruck des Schlachtfeldes in den Bereich der Gefahr.

Das zweite und noch wichtigere Hauptmoment aber ist die Verantwortlichkeit des Feldherrn.

Dieselbe war zu jeder Zeit groß, doch in den Perioden der Geschichte, in denen „National- oder Volkskriege" geführt werden, ist sie eine ungeheuere, den gewöhnlichen Menschen erdrückende. Es gilt in jenen Perioden und also auch in der Gegenwart nicht die Eroberung einer Provinz; sondern sehr häufig handelt es sich um Sein oder Nichtsein; es handelt sich nicht nur um Ehre oder Vortheil des Fürsten, sondern auch um die Ehre, den Niedergang oder Aufschwung eines ganzen Volkes, oft auch um Sieg oder Niederlage eines Prinzips. Es handelt sich um das Wohl und Wehe der Hunderttausende, welche der Feldherr führt, und der Millionen, welche in der Heimath bang des Erfolges harren, um die Siegesehre und endlich um die Erfüllung des eigenen Ehrgeizes durch den Gewinn des Lorbeers; im Gegensatz hierzu um die Verurtheilung durch jeden Schreier, um die Schmach, welche verdienter- oder unverdientermaßen auf den Besiegten gehäuft wird, um die Anschuldigungen, welche auf ihn geworfen werden, um eingeleitete Prozesse, vielleicht um den Kopf, wie in den ausgebildeten Despotien, aber auch von der Tochter der Freiheit, der ersten französischen Republik, so häufig bewiesen wurde.*)

Unter der Last solcher Verantwortlichkeit handelt der Feldherr. —

Man suche unter den Berufen auf der Welt, wo ein Gleiches geleistet werden muß. Aehnliches vielleicht in der Schifffahrt. Dort fehlt nicht das Element der persönlichen Gefahr, der Eindrücke des Außergewöhnlichen auf das Gemüth und die Verantwortlichkeit.

Am nächsten dem Kriege aber steht die Politik. Die Thätigkeit eines leitenden Staatsmannes wird somit der des Feldherrn am ähnlichsten sein. Aber die Eindrücke des Krieges wirken nicht so unmittelbar auf die Thätigkeit des Staatsmannes ein wie auf die des Feldherrn. Seine Thätigkeit ist im Allgemeinen nicht so eng mit denselben verknüpft wie die des Feldherrn co ipso. Hiermit will ich nicht sagen, daß die Thätigkeit des Staatsmannes nicht unter Umständen eine viel bedeutendere sein kann, wie man denn z. B. bei einer so langen staatsmännischen Laufbahn wie die des Fürsten Bismarck die fortwährende, Jahrzehnte lange geistige Anspannung, die Reibungen und Erregungen nicht hoch genug in Ansatz bringen kann. Auch Staatsmänner und Politiker setzen freilich manchmal ihren Kopf ein. Man denke an die Scenen der großen Revolution. Man versetze sich in die Lage Bismarck's nach einem unglücklich abgelaufenen Kriege von 1866. Doch sind dies Ausnahmen; beim Feldherrn aber ist die Einwirkung der Gefahr und höchster Verantwortlichkeit die Regel.

Diese schwierigste Aufgabe, welche einem Mann in der Welt gestellt werden kann, erfordert die größten Eigenschaften.

Ein gesunder Körper ist im Durchschnitt Bedingung. Es hat

---

*) Themistokles, Alcibiades wurden verbannt; die venetianische Republik ließ den Generalkapitän Carmagnole ohne jeden Beweis seiner Schuld köpfen; zahlreiche Generale, unter denen Custine, Houchard wurden unter der ersten Republik guillotinirt. Die dritte Republik ließ Bazaine zum Tode verurtheilen.

einzelne Männer gegeben, in denen die Spannkraft des Geistes körperliches Leiden besiegte, aber diese Fälle sind nicht häufig.

Die Last der Verantwortlichkeit, die Anstrengungen der Märsche und der Kämpfe, die Einflüsse der Witterung, die Nothwendigkeit, in jedem Moment zu einer höchsten Anspannung der körperlichen und geistigen Kräfte bereit sein zu müssen, die gestörte Nachtruhe verlangen eine feste Gesundheit und ein gutes Nervensystem. Das besonnene, noch kräftige Mannesalter kann man durchschnittlich für den höheren Führer wohl als das vortheilhafteste bezeichnen, aber die Feldherrnkunst hängt derartig von der Persönlichkeit, insbesondere von den geistigen Faktoren ab, daß man sowohl sehr junge ausgezeichnete Feldherren wie Alexander, Bonaparte, Friedrich, Karl XII., als auch sehr bejahrte wie Blücher, Radetzky, Kaiser Wilhelm I., Moltke auftreten sieht.

An geistigen Eigenschaften ist dem Feldherrn selbstverständlich unentbehrlich der physische und moralische Muth. Ein Feldherr, welcher Zeichen menschlicher Schwäche beim Pfeifen der Granaten zeigen würde, ist ein Unding.

Der moralische Muth besteht darin, den Gefahren, welche nicht unmittelbar das Dasein schädigen, entgegentreten zu können. Daß der Feldherr eines außergewöhnlichen Verstandes bedarf, ist schon in dem Citat aus Clausewitz auseinandergesetzt. Nur ein solcher vermag die politische und militärische Lage mit Sicherheit zu erfassen, soweit sie bekannt ist. Wir machen ausdrücklich darauf aufmerksam, daß der Feldherr politisches Verständniß besitzen muß. Es ist eine ganz unrichtige Theorie, welche vor einigen Jahren vertheidigt wurde, daß der höhere Führer oder der Generalstabschef sich mit der Politik nicht zu befassen hätten, daß sie vielmehr, nachdem die Diplomatie ihre Aufgabe vollendet hat, einfach den Auftrag bekommen: Nun führe Krieg, um etwas Weiteres hast Du Dich nicht zu bekümmern.

Es ist dies eine Verwechselung mit der wohlbegründeten Ansicht, daß der Soldat, ob hoch oder niedrig, nicht in die Politik eingreifen soll. Aber damit ist nicht gesagt — was Clausewitz schon vom Wissen des Feldherrn verlangt —, daß der Feldherr nicht über die politischen Verhältnisse unterrichtet sein soll. Im Gegentheil ist dies durchaus nöthig, da Krieg und Politik ineinandergreifen. Dies gilt sowohl von den Vorbereitungen zum Kriege als auch für die Maßnahmen im Kriege selbst. — Will der Monarch selbst seine Armee führen, so wird er darüber unterrichtet sein, welche Mächte feindselige Absichten hegen, welche Grenzen bedroht erscheinen — dasselbe muß auch bei dem Chef des Generalstabes der Armee, oder in einer Republik bei dem zum Oberbefehlshaber bezeichneten General stets der Fall sein.

Der Feldherr im Kriege muß ferner darüber im Klaren sein, wie die Stimmung des eigenen oder feindlichen Landes ist, welche Parteiungen es giebt, welche Festigkeit die Regierung des letzteren hat, ob Anlaß zur Unzufriedenheit vorhanden ist, wie die Nationalitätsverhältnisse sind u. s. w. Ist er hierüber nicht unterrichtet, so werden Mißgriffe aller Art die Folge sein. Auch wirken die Kenntniß bezw. Unkenntniß der politischen Verhältnisse oft direkt auf die Operationen ein. — Endlich muß der Feldherr über die Verhältnisse unserer etwaigen Bundesgenossen aufgeklärt sein, und der politische Zweck ihrer Hülfe sowie auch das zu erreichende Endziel, falls ein solches etwa schon ins Auge gefaßt ist, darf ihm nicht unbekannt sein.

Alle diese Dinge können unter Umständen seine Entschlüsse beeinflussen, denn der absolute oder reine Krieg, wie ihn Clausewitz nennt, d. h. der von allen politischen Rücksichten freie, wird selten geführt werden. Dabei aber muß der Feldherr das große Ziel der Vernichtung der feindlichen Heere durch die Waffenentscheidung und die gänzliche Niederwerfung des feindlichen Staates stets möglichst im Auge behalten.

Ist der Entwurf oder die Billigung eines strategischen Aufmarsches an der feindlichen Grenze und die Aufstellung eines Operationsplanes schon ein Akt klaren Verstandes, so erfordert die Beurtheilung der feindlichen Maßnahmen ein noch höheres Maß desselben. Die Thätigkeit des Verstandes aber wächst nach dem Beginn der Operationen und der Unsicherheit der Lage, welche sich stets einstellt.

Aber die schärfste Verstandesthätigkeit wird vermindert und vielleicht gänzlich gehemmt, wenn ein unruhiges Temperament oder ein nicht fester Charakter sie begleitet. Ein unruhiges Temperament erhöht die seelischen Bewegungen des Menschen und zwar gewöhnlich nach der falschen Richtung hin. Es wird nichts zur Entschlossenheit beitragen, sondern in der Regel zur Unentschlossenheit führen. Die Begriffserklärung der Entschlossenheit ist eine der treffendsten und wahrsten bei Clausewitz. Er sagt sehr richtig, die Entschlossenheit ist kein Akt des Muthes allein, sondern sie entsteht aus der Verbindung des Muthes mit dem Verstand, sie ist ein Erzeugniß beider. Dies ist unzweifelhaft, denn die Entschlossenheit erfordert, daß man im Stande ist, die Lage der Dinge schnell zu übersehen und richtig aufzufassen.

Ein Mann mit dem schärfsten Verstande aber kann den Anforderungen, welche der Krieg an den Feldherrn stellt, nicht genügen ohne einen festen Charakter. Das Festhalten an dem einmal Begonnenen trotz der Zufälligkeiten und Friktionen, welche der Krieg mit sich bringt, ist ohne Zweifel ein Zeichen festen Charakters. Der Feldherr soll sich nicht durch jede anscheinend bedrohliche Meldung, durch eine von den Nebenaktionen, welche im Kriege so häufig sind, von der Verfolgung einer wohl durchdachten Absicht abbringen lassen, die Ausführung derselben verzögern oder aufgeben.

Aber es giebt auch andererseits Lagen, in denen ein Aufgeben irgend welcher Absicht und das Ergreifen eines neuen Planes gerade Charakter erheischen.

Hier tritt nun der Verstand und dem sich anschließend die Kombinationsgabe des Feldherrn ein, um die Basis zu schaffen, auf der sich der neue Entschluß des Feldherrn aufbaut. Gerade einen neuen Entschluß durchzuführen, dazu bedarf es im Uebrigen der größten Klugheit des Geistes und der Anstrengung aller Kräfte.

Wir führen hier zwei Beispiele an. Durch den Uebereifer eines Brigadekommandeurs hatte sich die Schlacht bei Wörth am Morgen des 6. August 1870 entgegen den Absichten des Oberkommandos der III. Armee entzündet. In der Ueberzeugung, daß nunmehr die Durchkämpfung der Schlacht nothwendig sei, hatte General v. Kirchbach, der Führer des V. Korps, den Angriff eingeleitet. Bald darauf erhielt er den Befehl des Oberkommandos das Gefecht abzubrechen, da man erst am nächsten Morgen mit versammelten Kräften der III. Armee schlagen wollte. Kirchbach aber erwog, daß das Abbrechen des Gefechts ohne schwere Verluste nicht mehr möglich sei, daß es auf die Truppen einen sehr ungünstigen Eindruck machen würde, daß die Franzosen berechtigt gewesen wären, einen Sieg in die Welt zu telegraphiren — und beschloß gegen den Befehl seines Oberfeldherrn die Fortsetzung des Kampfes.

Wir sehen hier das Beispiel eines festen Charakters, der den Erwägungen eines klaren Verstandes folgt und bei seiner Ansicht — sogar gegen den Willen des Oberkommandos — verharrt.

Benedek hatte 1866 in Böhmen die Absicht, gegen die I. preu=

fiiſche Armee vorzuſtoßen und dieſe zu ſchlagen. Am 27. Juni aber waren das preußiſche I., V. und Gardekorps aus den Engpäſſen des Rieſen- und Glatzer-Gebirges bei Trautenau, Braunau und Nachod in Böhmen eingerückt. Das I. preußiſche Korps war zwar bei Trautenau vom X. öſterreichiſchen geſchlagen worden, dagegen hatte das V. preußiſche bei Nachod über das VI. öſterreichiſche geſiegt, und das Gardekorps war bis Braunau vorgerückt. Benedek — der am 28. Juni Vormittags in Skalitz ſelbſt gegenwärtig war — hatte drei Armeekorps, das VIII., VI. und IV. zu ſeiner Verfügung dicht bei Skalitz. Warf er dieſe drei Korps auf das V. preußiſche Korps, ſo war ihm ein Erfolg ſicher, der vielleicht das Eindringen der II. preußiſchen Armee in Böhmen vereitelt hätte. — Aber er beharrte bei ſeinem Plan, gegen die Iſer in der Richtung auf den Prinzen Friedrich Karl zu marſchiren, und ließ die Gunſt des Geſchickes unbenutzt.

Dieſes Beharren bei der erſten Abſicht iſt hier kein Zeichen wahrer Charakterfeſtigkeit, ſondern ein Zeichen mangelnder Entſchloſſenheit, hervorgerufen durch den Mangel an ſchnellem Verſtändniß für die eingetretene Lage. Benedek war ein entſchloſſener Soldat — das hat er mehrfach gezeigt — aber nur ſo weit, als die geiſtige Fähigkeit zum Verſtändniß ausreichte.

Der feſte Charakter zeigt ſich nicht nur durch Beharren auf gefaßten Entſchlüſſen, ſondern an der Fähigkeit, mit Schnelligkeit einen der neuen Lage angepaßten, raſchen anderen Entſchluß zu faſſen. Dieſer Entſchluß iſt natürlich auch unmöglich, falls der Verſtand und der Takt der Beurtheilung der Lage nicht richtig vorarbeiten. Auch die Scheu, charakterlos und inkonſequent zu erſcheinen, kann manchmal von dem Faſſen eines richtigen neuen Entſchluſſes abhalten.

Die Charakterſtärke kann ſich insbeſondere noch zeigen in dem Verfahren gegen die eigene Armee. In der Sorge des Feldherrn für ſeine Truppen muß die edelſte Menſchenfreundlichkeit, das Mitgefühl mit den Leiden derſelben zu Tage treten, aber ſtrenger Ernſt, unter Umſtänden Härte, iſt nothwendig, um die Disziplin und zwar ſowohl in den höchſten Führerſtellen als auch bei der Mannſchaft zu erhalten. — Die Geradheit des Charakters darf nicht fehlen, denn wehe dem Hauptquartier, wo die Intrigue herrſcht und geduldet wird; aber die Weltklugheit, welche verbietet, ohne Zweck und Noth den Mentor zu ſpielen und den Eigenwillen zu reizen, muß gleichfalls ein Erbtheil des Feldherrn ſein.

Man kann hieraus ersehen, welche ungemein schwierige Aufgabe der Feldherr, unter besonderen Umständen auch der Unterführer, — zu lösen hat, welche Ruhe des Temperaments, Klarheit des Geistes nöthig ist, um Verstand und Charakter in das richtige Verhältniß zu setzen, beide, so zu sagen, richtig zu gebrauchen: den Verstand, ohne unschlüssig zu werden, — den Charakter, ohne in Eigensinn zu verfallen.

Moltke sagt: „Die Strategie ist die Kunst des Handelns unter den schwierigsten Bedingungen." Bei einzelnen Kriegshandlungen kann hauptsächlich der Charakter, bei anderen der Verstand in's Spiel kommen.

Wir könnten noch eine große Anzahl besonderer Eigenschaften des Feldherrn, welche theils aus dem Gemüthsleben, theils aus dem Verstandesleben hervorgehen oder mit der Charakterfestigkeit zusammenhängen, anführen. Solche sind: ein hohes Maß von Selbstbeherrschung; Zuversicht zu sich selbst; die Fähigkeit, die Ansicht Anderer zu hören, ohne in Abhängigkeit von den Rathschlägen Vieler zu verfallen; die Energie des Handelns, welche in allen Verhältnissen erkennbar sein muß; die Befähigung, die Dinge mit geistigem und leiblichem Auge richtig aufzufassen (coup d'oeil, wie man früher sagte), die Standhaftigkeit, welche sich hauptsächlich im Unglück zeigen kann, die Geistesgegenwart, verwandt mit der Entschlossenheit, bei der Beurtheilung unvermuthet eingetretener Verhältnisse und die sofortige Ergreifung richtiger Maßregeln.

Alle diese Eigenschaften muß der Feldherr durch die That und durch seine Maßregeln beweisen. Nichts an ihm ist doktrinär, die That ist Alles.

Wir sehen also, daß der Feldherr, in welchem der Verstand, der Charakter, das Gemüthsleben eine gleich große Rolle spielen, ein durchaus harmonischer Mensch sein muß. Alle Seelenkräfte kommen bei ihm zur wirksamsten Entfaltung.

Die Gefahr muß ihn kalt lassen, das Unvermuthete ihn gefaßt finden, verworrene Lagen muß sein Verstand zergliedern. Standhaftigkeit und Ausharren bei gefaßten Entschlüssen, rechtzeitige Ergreifung eines neuen muß ihm sein Charakter gestatten. Seelengröße läßt ihn die Last der Verantwortung, und Opferwilligkeit ein etwa widriges Geschick ertragen.

Dies ist das Bild eines wahren Feldherrn, und erwägt man dies Alles, so wird man gerechterweise sagen müssen, daß über der

Kunst desselben — der Feldherrnkunst — nichts auf Erden steht. Wir persönlich tragen kein Bedenken, ihr den ersten Platz einzuräumen.

Daß nicht Jedermann, der Heere geführt hat, ein solcher Mann gewesen ist, nun, das brauchen wir wahrlich nicht zu erwähnen. Aber auch große Feldherren bleiben nicht immer auf der Höhe ihrer Aufgabe. Die Häupter von Wandervölkern, wie sie Attila, Dschingischan und Andere mehr darstellten, wollen wir nicht in die Reihe der Feldherren in dem oben geschilderten Sinne einfügen. Der von uns geschilderte Feldherr ist der Feldherr civilisirter Völker, insbesondere der letzten Jahrhunderte, ein von der Bildung und dem Geiste derselben durchdrungener Mann.

Wenn wir als größte Figuren des Feldherrnthums im 18. und 19. Jahrhundert Prinz Eugen, Friedrich, Napoleon und Moltke betrachten, so steht doch der Letzte der jetzigen Welt an und für sich am nächsten. Er war, was vor Allem Napoleon abging, ein durchaus harmonischer Mensch.

Gänzlich unbemittelt, erwirbt er sich als junger Offizier, indem er neben seinen Dienstverrichtungen im Stillen die Feder führt, durch angestrengtes Studium und geistige Arbeit einige Thaler, welche theils für Erfordernisse seiner Stellung, theils zur Bereicherung seines Wissens Verwendung finden. Seine Studien und Arbeiten weisen ihm den Weg in der Politik, den Staats- und Militärwissenschaften, und schon in der Jugend überragt er an Kenntnissen weit die Mehrzahl seiner Standesgenossen.

Einfachheit, ja Spartanismus in der Lebensweise, Arbeitskraft, dabei richtige Auffassung aller Verhältnisse, Vertiefung in philosophische, geschichtliche und technische Probleme und ein unternehmender Geist machen schon aus ihm einen sehr bedeutenden Mann, als er nach der Türkei geht, um sich in der Schlacht bei Nisib durch jenen von dem türkischen Obergeneral nicht befolgten Rath bereits als Feldherr zu beweisen.

In seinen Zügen in der europäischen Türkei und Kleinasien zeigte er sich als vielseitiger Forscher, und daß er in die Heeres- und Staatsverhältnisse der Türkei tiefen Einblick gewann, ist selbstverständlich.

Zurückgekehrt in's Vaterland, bewegt er sich in den verschiedensten Stellungen, im Generalstabe und als Begleiter des damaligen Prinzen Friedrich Wilhelm, unseres unvergeßlichen Kaisers

Friedrich III., bis er, an die Spitze des Generalstabes der Armee gestellt, endlich der Welt zeigen konnte, welcher Feldherr ohne alles Aufsehen sich hauptsächlich in der Stille herangebildet hatte. Und für seine Größe fällt noch besonders in's Gewicht, daß er neben einem Monarchen stand, der an kriegerischem Werth, durch seine Persönlichkeit und seine Thaten im Kriege und Frieden — „mächtig im Kriege, im Frieden so mild" — den Beinamen des Großen und Guten mit Recht erworben hat.

In den jetzt veröffentlichten Briefen Moltkes zeigt er sich als ein guter Sohn und Bruder, ein Mann von tiefstem Gefühl, feinstem Geschmack, treffendstem Urtheil.

Das Verhältniß zu der von ihm gewählten Gattin kann an Innigkeit, geistiger Vertiefung, Theilnahme der Gattin an der Lebensthätigkeit und Wirksamkeit des Gatten, an den Geschicken des Vaterlandes, nur mit dem Leben des Generals von Clausewitz und seiner Lebensgefährtin verglichen werden, welche kurz nach ihrer Verbindung ihren Gatten aus dem häuslichen Glück entließ, damit er, sein Vaterland verlassend, gegen die fremde Tyrannei im russischen Heere kämpfen konnte. An diesen Gestalten, deutsche Frauen, erhebt Euch zu Eurer Aufgabe, gute, tapfere Söhne des Vaterlandes zu erziehen, an diesen Bildern erwärmt Euer Herz!

Moltke war wie Clausewitz auch ein Mann der Feder, von dem Felix Dahn sagt: Gehet hin Ihr deutschen Schriftsteller „von Beruf" und lernt von diesem Feldhauptmann richtig auffassen, scharf das Wesentliche vom Unwesentlichen scheiden, unfehlbar den begriffsnothwendigen und den kürzesten Ausdruck finden: werdet Moltkes nur ganz im Kleinen, ja im Allerkleinsten: wie viel größer und ersprießlicher als bisher werdet Ihr dann sein!

Und Moltke war ein Mensch — ein Mensch in des Wortes tiefster Bedeutung. Bescheidenheit, Selbstüberwindung standen bei ihm im Vordergrunde. Er verkannte nicht, wie viele Leiden der Krieg bringe, und war dem Gedanken, denselben möglichst menschlich zu gestalten, ihn seltener zu machen, niemals verschlossen. Aber ebenso fern war er von jener trostlosen Utopie, gegen welche wir hier schreiben, und welche den Krieg freilich nicht entthronen, aber Heldenthum und Kraft unserem Volke nehmen kann, um es dann später in den Ketten der Knechtschaft bitter und blutig beweinen zu lassen, daß es seinen Verführern gefolgt ist.

Endlich zeigt ihn der letzte Band der Veröffentlichungen als einen Mann von starkem Gottesglauben und als innigen Verehrer der christlichen Lehre, zugleich aber als einen Feind jener engherzigen dogmatischen Auffassung, welche die Menschen aus der Kirche herauspredigt, als einen vorurtheilsfreien Geist, der das Gebet zu Allah, Jehova oder dem Gott der Christen für gleich wirksam hielt, denn es sei doch nur ein Gott, und wenn er auch die Einwirkung der verschiedenen Religionen nicht verkannte, doch einen allgemein menschlichen Moralbegriff annahm.

So steht der Feldherr und Mensch uns vor Augen, würdig neben einem Luther, Friedrich, Goethe, Wilhelm I. und Bismarck.

Das ist einer von den Sportsmännern auf den Feldern des Todes, den Schlächtern und Würgern des Menschengeschlechts, wie sie von den Vertretern jener uns entwerthenden, entnervenden Lehren geschildert werden.

Den werthlosen Vorwurf, daß sie nicht Alle so seien, die Männer des Schwertes, den wird man uns nicht ersparen, aber das wird man beim besten Willen nicht entkräften können, daß sich uns ein großer Kriegsmann als eine so rein menschliche Persönlichkeit vor Augen stellte.

Die Annahme, daß dies eine seltene Ausnahme sei, ist nicht einmal richtig. Sehr sehr häufig gesellten sich zu den Eigenschaften des Kriegers der Sinn und Geschmack für das Schöne, die Empfänglichkeit für gediegene Bildung, für Künste und Wissenschaften.

Unter den Geistern erster Linie nennen wir nur Alexander den Großen, Cäsar, Perikles, Condé, Friedrich neben einer Unzahl Feldhauptleute zweiten Ranges, um zu zeigen, daß der Krieg und die für ihn hauptsächlich nöthigen Eigenschaften keineswegs der Bildung eines hochentwickelten Volkes entgegenstehen, daß sie gewöhnlich gerade bei den gewaltigsten Geistern mit dieser Bildung zusammengehen.

Jedenfalls entsteht aus der Vereinigung der Befähigung zur höchsten That mit dem Sinn für Schönes und Gutes ein Idealbild, welches nur im Feldherrn erreicht werden kann.

Das Feldherrthum ist das potenzirte und geistig vertiefte Heldenthum, und daher muß ein Volk wie das deutsche nie den wahren Begriff davon und die Achtung und Bewunderung desselben verlieren.

VI.
Der Krieg in seinen Beziehungen zum bürgerlichen Leben, zur Wissenschaft und Kunst.

Viele Einwirkungen, welche der Krieg selbst auf das bürgerliche Leben hat, sind in verschiedenen Kapiteln dieses Buches schon genannt. Es ist schon dargelegt, daß der Krieg sowohl Laster als auch Tugenden erzeugt, es ist auf die Verwüstungen hingewiesen und die Störungen, welche er dem bürgerlichen Leben bringt, es ist aber auch gezeigt worden, daß der Krieg die große Bewegungskraft ist, welche den nothwendigen Veränderungen in der Menschheit allein Bahn brechen kann, der große Regenerator, welcher sowohl in inneren wie in äußeren Verhältnissen der Staaten das Alte stürzen läßt, um neues Leben hervorzurufen.

Es ist ferner gezeigt, daß ein großer Theil der für das Staatsleben nothwendigen Momente durch den Krieg geboren werden und erst durch denselben die höchste Weihe erhält, so die Aufopferung, die Selbstüberwindung, die Hülfeleistung, die Diszipolin, die Treue, die echte Manneswürde.

Im Allgemeinen ist daran zu erinnern, daß, wenn der Krieg das bürgerliche Leben materiell zu allen Zeiten schädigte, er es andererseits schützte, so z. B. durch die Hansa, als sie die wehrhafte Jugend im Waffendienst schulte und mit ihr auszog, um die Burgen des Adels zu brechen, welcher die Besitzungen der Städte verwüstete, ihren Handel störte. Der Krieg ist eben ein so vielseitiges Ding, daß es ganz verkehrt ist, ihn mit einem einseitigen Urtheil über seine Schädlichkeit abfinden zu wollen.

Nun gab es aber immer noch andere Lasten, welche der Krieg den Bürgern eines Landes auferlegte. Sie bestanden je nach den Verfassungen des Landes in materiellen oder persönlichen Leistungen für die Kriegsmacht und Kriegführung oder in beiden zusammengenommen. Während in einzelnen Perioden des Alterthums wie auch des Mittelalters eine von beiden Leistungen, hin und wieder auch beide, im Frieden aufhörten, dauern seit der französischen Revolution, welche also hierin das Gegentheil der Ideale der Philosophie des 18. Jahrhunderts bewirkt hat, beide Leistungen ununterbrochen fort, d. h. der Staatsbürger zahlt Steuern zur Erhaltung der Kriegsmacht und muß in allen Ländern, mit Ausnahme Englands und der Staaten Amerikas, Soldat werden.*)

Das Gewicht dieser Anforderungen des Staates ist nicht zu verkennen, und kommen wir darauf in einem folgenden Kapitel zurück, aber wir wollen kurz in's Gedächtniß rufen, daß es die stehenden Heere allein sind, welche uns vor einer Ueberfluthung durch die Umsturzelemente schützen.

Den auflösenden Tendenzen der Gegenwart gegenüber bildet die Schule des stehenden Heeres, durch welche unsere Jugend geht, ein starkes Gegengewicht. Allerdings muß diese Schule gehörig bewacht sein, d. h. die Kommandogewalt muß mit unerbittlicher Strenge nicht nur dafür einstehen, daß die Disziplin unerschüttert bleibt, sondern auch, daß die peinlichste Gerechtigkeit das Szepter führt. Die in letzter Zeit zu Tage getretenen Mißhandlungen in der Armee haben abermals klargelegt, was Seitens vieler einsichtiger Offiziere stets betont worden war, daß es durchaus nöthig ist, solche bedauernswerthen Fakta in die Grenzen der Fälle einzuschränken, welche Unerfahrenheit und Uebereilung stets mit sich führen werden, wenn man nicht die schwersten Nachtheile für die Disziplin entstehen sehen will.

An Erlassen und Bemühungen hat es niemals gefehlt, aber allein mit Erlassen macht man die Sache nicht. Diese beklagenswerthen Vorfälle wurden von der Sozialdemokratie in einer sehr erklärlichen Weise ausgebeutet. Für sie ist das Heer das einzige Hinderniß des Umsturzes. Wer von gemäßigtem, sich auf friedlichem Wege entwickelndem Sozialismus träumt, mit dem ist nicht zu rechten. Das Ziel aller Parteien desselben, mögen sie heißen, wie sie wollen, kann nur der Umsturz sein und abermals der Umsturz. Der Umsturz bringt natürlich nicht den bisher stets im Dunklen verbliebenen Sozialstaat,**) sondern er bringt die Agitatoren und die Klassen an die Gewalt, welche auch einmal oben sein wollen. Die menschliche Eitelkeit und die anderen hierbei mitspielenden Leidenschaften sind aber so groß, daß man zur Befriedigung des kurzen Kitzels der Herrschaft — denn kurz wird diese Herrschaft nur sein —

---

*) Belgien, Holland, Spanien haben die Stellvertretung, aber immerhin im Prinzip die allgemeine Wehrpflicht, Schweden eine ganz eigenthümliche Kriegsverfassung.

**) Die Führer der Sozialdemokratie erklären, nur Narren könnten sich die unbescheidene Frage erlauben, wie denn der neue Staat eingerichtet werden sollte.

einen Umsturz mit einem Meer von Blut und Thränen und einer
Zerrüttung aller Verhältnisse, wie sie nie ein äußerer Krieg im
Gefolge haben könnte, herbeiführen will.

Das sind die Friedensmänner der Sozialdemokratie.

Diese Partei sowie die Vertreter der sogenannten Volkspartei
fanden in den Sitzungen des Reichstages vom Februar 1892 nur Worte
des Abscheus vor der Körperschaft der deutschen militärischen Vorgesetzten. Es regnete: Tyrannen, Barbaren, verrohtes Junkerthum u. s. w.

Den Verdiensten dieser Körperschaft, der Erziehung der Mann-
schaft zur Vaterlandsliebe, zur Ordnung, zum Gehorsam, zur Pünktlichkeit, zur Reinlichkeit — abgesehen von ihrer Ausbildung als
Soldat — der eingehenden Sorgfalt für Gesundheit und körperliches
Wohlbefinden des Einzelnen, wie es in den Feldzügen seine Probe
bestand, geschah selbstverständlich keine Erwähnung.

Diese Erziehung der jungen Soldaten ist die wohlthätige in-
direkte Folge, welche das Werkzeug des Krieges, die Armee, schon
im Frieden dem Lande leistet.

Leider spielen die begeisterten Friedensmänner (und Friedens-
frauen, muß man jetzt wohl sagen) etwas mit unredlichen Mitteln,
indem sie im Gegensatz zu allen Erfahrungen behaupten, die jungen
Soldaten würden durch die „geistlose Drillerei" in ihrem Intellektuel
geschädigt und bedürften mehrerer Jahre, ehe sie wieder in den
vollen Besitz ihrer Fähigkeiten kämen. Wenn Gewöhnung an
Ordnung, Reinlichkeit, Pünktlichkeit, die Ergänzung des aus der Volksschule mitgebrachten Wissens durch die Kompagnie- und Regiments-
schulen, die Ausbildung ihres Körpers durch die Gymnastik schädliche
Dinge sind, dann freilich wäre es so, wie die Friedensmänner sagen.

Wir gehen auf die Beziehungen des Krieges zu den Wissenschaften ein. Bei den ersten Anfängen der Wissenschaft ist der
„Kampf", später der Krieg betheiligt. Sobald der Mensch eine
Behausung hatte, fühlte er auch das Bedürfniß, sich gegen seine Feinde,
wilde Thiere, feindliche Menschen, zu schützen, und begann Hinder-
nisse zu errichten, um diesen Feinden das Eindringen zu erschweren,
begann seine Wohnungen so zu legen, daß sie schwer erreichbar waren,
auf Pfahlbauten, Inseln, steilen Bergen. Die Befestigungskunst
blieb lange eng mit der Baukunst verbunden. Um dem Feinde aber
außerhalb der Schutzwehren entgegentreten oder dieselben vertheidigen
zu können, brauchte man Waffen, Schutz- und Trutzwaffen.

An diese beiden Ausgangspunkte nun knüpft sich hauptsächlich die ganze unendliche Reihe von Erfindungen, welche, durch die Wissenschaft geboren, in die Praxis des Lebens übersetzt wurden. Von dem durch rohe Zaunpfähle geschützten Hause bis zu den glänzenden, mit ungeheuern Mauern umgebenen Städten der Meder, Perser, Griechen, Römer, von den einfachen Burgen des Mittelalters bis zu den Riesenfestungen der Gegenwart, den durch Wald und Steppe geführten Pfaden, wie sie jetzt noch in Afrika die Verbindungen bilden, bis zu den Kunstbauten der Römer und unserer Zeit, von dem ausgehöhlten Baumstamme bis zum Panzerschiffe mit 30 Dampfmaschinen, von der Keule bis zum Repetirgewehr und Schnellfeuergeschütz zieht sich diese Kette, und welche unendliche Menge Wissenschaften und Künste und Gewerksthätigkeiten hängen mit derselben zusammen! Die Mathematik, die Physik, die Chemie, die Baukunst, die Schmiedekunst und zahllose andere, die nicht nur dem Kriege, sondern auch der bürgerlichen Thätigkeit zu Gute kommen.

Die ärztliche Wissenschaft hat nur unter dem Druck der Feldzüge von 1859—1877 die ungeheueren Fortschritte in der Chirurgie gemacht, welche für die ganze Menschheit stets segensreich sein werden. Dann, erfordert die Schifffahrt, die Industrie etwa keine Opfer? Man denke an die jüngsten Katastrophen in belgischen Bergwerken!

Wir wollen die Entwickelung dieser Dinge natürlich nicht dem Kriege allein zuschreiben. Das Bedürfniß des Verkehrs, des Lebensunterhaltes haben ihren gewichtigen Antheil daran. Aber die größte Triebkraft für den Menschen ist immer die Noth, die zwingende Nothwendigkeit, und diese entstand meist nur durch den Krieg oder durch die Bedrohung mit feindlicher Berührung. Jedenfalls war dieselbe eine unentbehrliche treibende Gewalt, und wir wären auch hierin noch lange nicht so weit, wie wir jetzt sind, wenn das Element des Kampfes und Krieges in der Welt nicht existirt hätte.

Zwei große Probleme harren augenblicklich der Lösung: die Anwendung der Elektrizität als Bewegungskraft und die Luftschifffahrt. Die erstere Kraft wurde zuerst im Kriege praktisch verwerthet, in größerem Maßstabe bei der Belagerung von Paris, und mir wird der Eindruck unvergeßlich bleiben, den das erste Spielen des elektrischen Lichtes vom Mont Valérien auf unsere Mannschaften machte. Auch die erste praktische Verwendung der Luftschifffahrt zu einem bestimmten Zwecke geschah im Kriege während der Kämpfe der ersten französischen Republik und sodann in weit ausgedehnterem Maßstabe während der Belagerung von Paris 1870—71.

Auch nach diesem Kriege werden die Versuche für die Verbesserung des Luftschiffes hauptsächlich von militärischer Seite betrieben, und daß alle diese Dinge, falls sie wirklich verbessert werden, für das Verkehrsleben eine weitgehende Bedeutung haben, wird Niemandem einfallen zu leugnen. Der Krieg hat auch hierin dieselbe Triebkraft wie früher bewährt, nur sind die Verhältnisse kunstreicher, verwickelter, großartiger geworden.

Die Kunst findet nur bei kräftigen, einer großen Entwickelung fähigen Völkern eine würdige Heimath.

Erst als die Athener nach den Beweisen ihrer Tüchtigkeit und Kraft zum Bewußtsein dieser Eigenschaften gelangten, als sie sich sicher in denselben fühlten, dachten sie daran, auf dem festen Grund des Behaupteten das Leben zu verschönen. Der Aufschwung der Geister nach den Perserkriegen ließ sie an die Lösung der Aufgaben der Kunst mit Begeisterung und Ausdauer herantreten. — So wurde jene Blüthe der Kunst erreicht, vor der wir jetzt noch staunend stehen, allerdings wurde sie es nicht allein durch den Krieg, aber gewiß und wahrhaftig nicht ohne den Krieg.

Die Tugend der Dankbarkeit errichtete den auf dem Felde der Ehre Gefallenen Denkmäler und Tempel, und dies war eine direkte Anregung, welche die Kunst vom Kriege empfing.

Das von den Athenern in ihrer Blüthe Gesagte gilt mehr oder weniger für alle Nationen. Auch die Kulturvölker der Gegenwart haben ähnliche Perioden eines solchen Aufschwunges erlebt, in denen — wie damals in Griechenland — alle Künste, wenn auch nicht stets zu gleicher Zeit, daran betheiligt waren.

Wo würde nun Malerei und Bildhauerkunst Motive zur Verkörperung von Kraft und Willen hernehmen, ohne die Verwerthung der That?

Allerdings giebt es Thaten, welche nicht Kriegsthaten sind, gleich würdig der Verewigung. So die That des Reformators, des Entdeckers. Luther vor dem Reichstage von Worms, Columbus, in Amerika landend, sind z. B. solche Momente. Aber hinter der Darstellung dieser Auftritte sieht man schon den gezogenen Degen, und denkt an die Reihe von Kriegen für Erringung der Glaubensfreiheit, für die Besitzergreifung Amerikas und für die Vertheilung dieser großen Beute.

Es handelt sich nicht immer um Schlachtenbilder. Aber mit Beiseiteschiebung des Heldenthums würde das geschichtliche Genre auch auf Darstellung von Scenen verzichten müssen, die mit dem

Kriege im Zusammenhange stehen, jedenfalls aber dürften dieselben konsequenterweise dann nur abschreckend wirken. — Die Kunst wohnt freilich nicht nur in Nationalgallerien und Siegessäulen. In dem Ausdruck eines Kopfes kann mehr Thatensinn und kriegerisches Feuer enthalten sein, als in einem jener wandhohen Gemälde — wie z. B. im Schlosse von Versailles — bestimmt, irgend ein unbedeutendes Ereigniß vor der Vergessenheit zu schützen. —

Aber was würde die Götterwelt sein ohne Mars, ohne Pallas-Athene? Man schaffe sich eine Kunst ohne solche Motive, und man wird sehen, welche klaffende Lücke entstehen, welche Verflachung eintreten würde, denn alle anderen Gestaltungen können die Darstellung der Kraft und des Heldenthums nicht ersetzen. —

So saugt vor Allem die dramatische und epische Kunst einen großen Theil ihrer Kraft aus dem gewaltigsten Konflikt auf Erden, aus dem Kriege. — Wo wäre die Ilias, wo das Nibelungenlied geblieben ohne Kampf und Sieg? — Wären die „Perser" gedichtet worden ohne die Perserkriege? Und wenn unsere Dichterheroen auch nicht immer ihre Stoffe aus nationalen Kriegen nahmen oder sie in Zeiten politischen Niederganges nicht nehmen konnten, welche Anzahl Meisterwerke müßten wir streichen, welche ihre Wurzeln im Kampf und Krieg, Heldenthum und Heldentod haben?

Nur genannt seien die „Räuber", „Fiesco", „Die Jungfrau", „Wallenstein", „Tell", „Götz", „Egmont", sogar „Faust" im zweiten Theile, „Minna von Barnhelm". Von den neueren Dichtern haben Grillparzer, Wildenbruch, Freiligrath, Herwegh, Freytag, Dahn und viele andere sich ebenfalls als Sänger des Heldenthums gezeigt. „Erst durch Friedrichs Thaten", sagt Goethe, „kam ein wirklicher Inhalt in die deutsche Literatur."

Wer vermöchte von Industrie und Börsenspiel ein Lied zu singen wie Rückerts geharnischte Sonette?

Wer könnte uns Arndts und Körners von Begeisterung flammende Heldenlieder je ersetzen? Wer den Franzosen ihren Béranger?

Und greifen wir nun in die Tiefen der Volksseele, so hören wir es klingen und rauschen auf den Gipfeln der Alpen, im Flachlande, am Gestade der See, überall tönt es wieder von Heldenthum und Heldentod, Vaterlandsliebe, Sieg, Ehre und Liebe.

Diese Stoffe wechseln sich ab, mischen sich in tausend Gestalten. Wohl klingt die Sehnsucht nach Braut, Heimath, Weib und Kind, die Sorge um den fernen Kämpfer, der Schmerz um den Gefallenen hindurch, aber alles dies ist gemischt mit dem Gefühl des Stolzes, der Genugthuung, für das Vaterland zu leiden, für seine Sicherheit, seine Ehre, für Weib und Kind. Selten tritt die melancholische Seite ganz in den Vordergrund — der Krieg in seiner Vielseitigkeit vermag in der Menschenseele eben Alles zu wecken. Niemals fällt das Volkslied in den Ton winselnder Klage, wie sie von den „Friedensfreunden" jetzt als Abschreckungsmittel gegen den Krieg unseren Tapferen in den Mund gelegt wird.

Daß der Krieg Leiden und Schreckniffe mit sich bringt — wer wüßte das beffer als ein alter Soldat? Aber gerade die Ueberwindung derselben ist das Große an der Sache, und zwar groß am Einzelnen, groß an den Nationen.

Wer will Nationallieder fingen ohne den Gedanken, wenn es sein muß, sterben zu wollen für sein Land? Wovon tönt die Marseillaise wieder, wovon die Wacht am Rhein?

Man weiß, was die Friedensmänner erwidern werden: Lieder, gedichtet unter dem Bann der Vorurtheile, die wir gerade bekämpfen, Lieder, die wie der Krieg unsere Civilisation schänden! — Nein! Lieder, die aus den ewig wirkenden Kräften im Menschen hervorgehen, die mit seinem Sein verflochten sind und die Ihr nicht beseitigen werdet. Könntet Ihr es, — der Mensch wäre verstümmelt, zu einer Art Molluske degradirt, denn es fehlte ihm die Fähigkeit, seine Kraft zu bewähren, die höchste Probe zu bestehen.

Ohne den Sinn für Krieg und Heldenthum würde, wenns hoch käme, eine neue Sorte Schäferpoesie entstehen oder die Ehebruchs- und Vererbungsdramen würden ins Unendliche anwachsen. Kein Lied hat die Sozialdemokratie noch zu Stande gebracht, das dieses Namens werth wäre; nur Nachäffungen der glorreichen Hymne von Rouget de l'Isle und des Liedes vom Helden der Berge hört man in ihren Reihen.

Das Heldenthum und der Krieg werden das höchste Motiv der Dichtkunst bleiben, und wer dies dem Volke nehmen will, der beraubt es selbst einer lauteren Quelle der ewigen Verjüngung seiner Eigenart.

Die Poesie fließt nicht aus dem breiten Strome der Menschheit, sondern aus den Wildwässern der Eigenart der Stämme, der Völker in ihrer unendlichen Mannigfaltigkeit. Will man diesen Gewässern die treibende Kraft abschneiden, so verzichtet man auf Ursprünglichkeit, auf Leben und Bewegung.

VII.
Der Krieg in seinen verschiedenen Gestaltungen.

Es wird nützlich sein, kurz zu betrachten, wie der Krieg im Laufe der Geschichte aufgetreten ist, und man wird hierdurch neuen Anhalt für das Verständniß des hier behandelten Gegenstandes finden.

Von einer allgemein gültigen Eintheilung der Kriege kann nicht die Rede sein, denn man müßte bei einer solchen von den verschiedensten Grundlagen ausgehen, auch würden die Merkmale derselben sich nicht absolut voneinander scheiden lassen.

Man könnte allenfalls den Krieg eintheilen:

1. nach den Ursachen, aus denen er entstanden ist und nach dem Zweck, den man durch Führung desselben erreichen will, in Befreiungs- und Eroberungskriege, in Einmischungskriege, Religionskriege, in bürgerliche Kriege zur Erreichung eines Parteizweckes, in Kabinetskriege und Nationalkriege;

2. nach den Mitteln, mit denen er geführt wird, in Söldnerkriege und Volksheerkriege;

3. nach der Art und Weise der Kriegführung, in Angriffs- und Vertheidigungskriege, in hinhaltende, in Parteigängerkriege und entscheidungsuchende Kriege;

4. nach der Oertlichkeit, in See- und Landkriege, in Gebirgskriege und Kriege im flachen Lande.

Von allen diesen Kriegsarten könnte man noch eine Unmasse Abarten aufführen.

Aber diese Eintheilungen sind, wie schon bemerkt, fragwürdiger Natur, denn es ist nicht ausgeschlossen, daß z. B. ein Religionskrieg auch ein Krieg um weltliche Interessen wird. Dies ist sogar fast immer der Fall gewesen. Den dreißigjährigen Krieg reiht man gewöhnlich unter die Religionskriege ein, aber die Interessen der österreichischen Hausmacht, der spanischen, französischen und schwedischen Monarchie spielten eine große Rolle in demselben. Den siebenjährigen Krieg nennt man einen Kabinetskrieg; wer wollte aber bezweifeln, daß eine gänzliche Niederlage Preußens die allmälige Katholisirung von Schlesien und eines Theiles von Norddeutschland zur Folge gehabt haben würde? Die evangelischen Bewohner

Preußens fühlten dies auch sehr gut durch, und ihre Geistlichen wurden nicht müde, die Bevölkerung zum Ausharren zu ermahnen. — Der Krieg des Parlaments gegen Karl I. von England war ein Religionskrieg, aber auch ein Krieg um die politische Freiheit. Dasselbe kann man vom Kampfe der Niederländer gegen die Spanier sagen.

Ueberhaupt könnte man die Kriege nur einheitlich rubriziren, wenn die Entstehungsursachen, die Mittel und Zwecke auf beiden Seiten annähernd dieselben wären. Wir wollen uns daher nur mit den Kriegsgattungen des 18. und 19. Jahrhunderts befassen, weil diese am meisten in der Gegenwart in Gegensatz gestellt und aus ihrer Eigenthümlichkeit die meisten Schlüsse über den Krieg gezogen werden.

In Bezug auf die Mittel, also in militärischer Beziehung, bezeichnet man die Kriege des 18. Jahrhunderts gewöhnlich als Söldnerkriege, die des 19. als Volksheerkriege. Man kann diese Bezeichnung im Allgemeinen als richtig anerkennen, ganz zutreffend ist sie nicht, denn das preußische Heer war auch im 18. Jahrhundert kein reines Söldnerheer, da die Kantonalverfassung demselben eine gute Anzahl Landeskinder, freilich nicht die besten, lieferte.

Im 19. Jahrhundert haben Frankreich, Oesterreich und andere Staaten trotz der Verpflichtung ihrer Bürger zum Kriegsdienste ein unverfälschtes Volksheer erst seit 1866 bezw. 1872 eingeführt, da bis dahin die Stellvertretung dort bestand. — England hat noch jetzt ein Werbeheer. Unter den Volksheeren hat man zu unterscheiden Cadreheere und Milizheere, letztere Gattung rein nur in der Schweiz eingeführt. Das dänische Heer kann man ein Mittelding zwischen Cadre- und Milizheer nennen.

In politischer Beziehung bezeichnet man die Kriege der zweiten Hälfte des 17. und des 18. Jahrhunderts in der Regel als Kabinetskriege im Gegensatz zu den Nationalkriegen des 19. Jahrhunderts.

Man versteht gewöhnlich unter Kabinetskrieg einen nur für die Interessen der Herrscherhäuser, nicht für die der Völker geführten Krieg. Als Beispiele werden oft genannt die Kriege Ludwigs XIV. gegen Deutschland, insbesondere der spanische Erbfolgekrieg; ferner der österreichische Erbfolgekrieg, die schlesischen Kriege, der baierische

Erbfolgekrieg. Man könnte mit demselben Recht vor Allem die Kriege der Italiener unter sich im 15. Jahrhundert und die der Franzosen in Italien im 15. und 16. Jahrhundert zu den Kabinetskriegen rechnen.

Nach dem dreißigjährigen Kriege hatten die religiösen Gegensätze an Schärfe verloren, die nationalen Empfindungen aber waren noch nicht zum Bewußtsein gekommen, oder hatten sich, wie besonders in Deutschland, abgestumpft. Die ständischen Einrichtungen waren größtentheils vernichtet, die absolute Fürstengewalt saß auf dem Throne. Stehende Heere waren des Winkes der Fürsten gewärtig. Unter diesen Umständen traten die Interessen der Fürstenhäuser allerdings vor Allem in den Vordergrund, und kein Zweifel kann dagegen aufkommen, daß die der Völker dabei oft zu kurz kamen.

Doch dürfte es ebenfalls oberflächlich geurtheilt sein, die politische Handlungsweise der Fürsten und ihre Kriegsbeschlüsse überall als einzig und allein vom krassesten Egoismus und nur von dem Gedanken an die Macht ihres Hauses erfüllt, anzunehmen. Eine Ausnahme hiervon machten jedenfalls England und Holland. Hier bestanden Parlamente, welche darüber wachten, daß nicht reine Hausinteressen, sondern auch die nationalen Interessen in Betracht gezogen wurden. Nur so ist Englands Theilnahme am spanischen Erbfolgekriege und am siebenjährigen Kriege zu erklären. Im ersten Falle galt es den Zusammenschluß der französisch-spanischen Macht, im zweiten die Unterdrückung der einzigen namhaften protestantischen Macht auf dem Festlande und die Eroberung der nordamerikanischen Kolonien durch die Franzosen zu verhindern.

Auch die absolut regierenden Herrscher haben wohl nicht immer nur das Interesse des Hauses allein im Auge gehabt, sondern fühlten sich in gutem Glauben berufen, sei es, um den eigenen Staat weiter zu entwickeln, sei es, um ein gutes oder vermeintliches Recht durchzusetzen, sei es endlich, um ihren Staat vor Schmälerung oder Vernichtung zu bewahren, zu den Waffen zu greifen, wie z. B. Friedrich, als er den siebenjährigen Krieg begann.

Zugestanden muß werden, daß die Völker fast nie Einfluß auf die Staatshandlungen absoluter Fürsten besaßen, daß sie willenlos gehorchten und die Kriege meist nur als Sache ihrer Fürsten ansahen; zugestanden muß ferner werden, daß empörender Mißbrauch der Fürstengewalt sich zuweilen geltend machte, wie z. B. im Verkauf der Truppen aus Hessen und aus anderen deutschen Staaten an England zum Kriege gegen die Nordamerikaner.*)

Jedenfalls aber sind es diese Kriege, in denen ja des öfteren Menschen ihr Blut für ihnen fern liegende Interessen vergießen mußten und in denen häufig, nicht immer, die Dynastien nur den Verlust einer Provinz, einer Stadt u. s. w. wagten, welche den Freunden eines ewigen Friedens die Hauptargumente lieferten, gegen die Niederträchtigkeit und Unmenschlichkeit des Krieges aufzutreten.

Von diesem Geiste ist insbesondere das Buch „Projet de paix universelle entre les potentats de l'Europe" von dem Abbé de Saint Pierre erfüllt, und auch Kants „Zum ewigen Frieden" steht auf einem ähnlichen Standpunkte, obgleich — zur Zeit des Erscheinens 1795 — die Welt von Waffenlärm wiederhallte und die französische Republik ihren schließlich nach Waterloo führenden Siegeslauf begonnen hatte.

Kant sagt bezeichnend für seinen Standpunkt, daß in einer republikanischen Verfassung die Staatsbürger sich sehr bedenken würden, die Drangsale des Krieges auf sich zu nehmen und ihn daher ablehnen würden. „Dahingegen", fährt er fort, „in einer Verfassung, wo der Unterthan nicht Staatsbürger, die also nicht republikanisch ist, es die unbedenklichste Sache von der Welt ist, weil das Oberhaupt nicht Staatsgenosse, sondern Staatseigenthümer ist, an seinen Tafeln, Jagden, Lustschlössern, Hoffesten und dergleichen durch den Krieg nicht das Mindeste einbüßt, diesen also wie eine Art von Lustpartie aus unbedeutenden Ursachen beschließen und der Anständigkeit wegen dem dazu allezeit fertigen diplomatischen Korps die Rechtfertigung desselben gleichgültig überlassen kann."

Es ist wunderbar, daß Kant — welcher doch Preuße war — durch das großartige Schauspiel, welches der sieben Jahre im Feldlager verharrende, mit seinen Soldaten die Feldkost theilende König Friedrich der Welt bot, nicht eine andere Auffassung gewonnen hat. Wahrscheinlich hat er, wozu er ja auch im Allgemeinen berechtigt war, Friedrich als einen seltenen Ausnahmefall angesehen und dabei Ludwig XIV. und Ludwig XV. und auch deutsche Fürsten, welche sich

---

*) Vor einigen Jahren wurde ein schwacher Versuch gemacht, diese Schandflecke zu beschönigen. Ich zeigte die Unhaltbarkeit dieses Versuchs im 7. Beiheft zum M.-W.-B., Jahrgang 1895.

von ihrem Versailles und ihrer Pompadour auch im Kriege nicht trennten, vor Augen gehabt. — Jedenfalls spiegeln diese Sätze die Auffassung von der Stellung der Fürsten und der Entstehung der Kriege, wie sie im 18. Jahrhundert von der Aufklärungsphilosophie verbreitet wurde, treu wieder, und es ist diese Auffassung, welche noch immer nachspukt und welche Sozialdemokraten und Friedensfreunde um die Wette sich bemühen, auch jetzt der Menge als eigentliche Kriegsursachen wider besseres Wissen hinzustellen, nur um dem Kriege ein abschreckenderes, verhaßteres Gewand umzuhängen.

Was Kant in obigen Sätzen sagt, ist, wie viele Lehren der Philosophie des 18. Jahrhunderts, viele Hoffnungen und Erwartungen, welche man auf jene oder diese Staatseinrichtung setzte, längst von dem ehernen Fuß der Weltgeschichte als irrig bei Seite geschoben. — Nicht die Republik, nicht die konstitutionelle Monarchie konnte uns das Maß der Glückseligkeit bringen, das jene begeisterten Männer des 18. Jahrhunderts geträumt hatten. Vieles gestaltete sich absolut im entgegengesetzten Sinne. So gerade diese Lehre des großen Philosophen. Nicht die Fürsten sind es, die heute den Krieg herbeiführen wollen, sondern nur die Volksleidenschaften drohen ihn zu entfesseln; nur durch die Weisheit der Staatsmänner, vor Allen des Fürsten Bismarck, ist er in den letzten zwanzig Jahren verhütet worden. — Nicht eine große Republik in Europa ist, wie Kant es verlangte, die Behüterin des Friedens, sondern die einzige bestehende zeitigt die Unruhe durch den ungeheuren Umfang ihrer Rüstungen.

Mit der französischen Revolution begann ein anderes Zeitalter der Kriege.

Es wäre aber ganz unrichtig, wenn man ihnen sämmtlich einen einheitlichen Charakter zuschreiben wollte.

Die Preußen und Oesterreicher führten offenbar 1792 und in den folgenden Jahren einen Kabinetskrieg, Frankreich dagegen einen Nationalkrieg.

Unter Nationalkrieg pflegt man jetzt gewöhnlich einen Krieg zu verstehen, der mit dem Mittel der allgemeinen Wehrpflicht und für große allgemeine Volksinteressen, unter allgemeiner Theilnahme der Nation, geführt wird. Wir werden sogleich sehen, daß auch diese Erklärung nicht überall zutreffen kann.

Der Kabinetskrieg der Koalition von 1792 bis 1797 war

allerdings verschieden von den früheren, in denen es sich wesentlich um Erreichung materieller Vortheile für die Herrscherhäuser und deren Staaten gehandelt hatte. Jetzt war neben diesen ein Prinzip im Spiel. Das Prinzip absoluter Fürstengewalt war im Kampfe mit dem der Herrschaft und der Gesetzgebung durch das Volk, das Prinzip der unbedingten Unterthänigkeit der Staatsangehörigen gegen den Fürsten mit dem der bürgerlichen und gesetzmäßigen Freiheit, wie sie in England schon lange bestand.

Aber die Ausschreitungen der Revolution und des infolge derselben an die Gewalt gelangenden Cäsarismus brachten allmälig einen Wechsel der Fahne zu Stande. — Der Nationalkrieg der Franzosen mit seinem: „Krieg den Palästen, Friede den Hütten!" wurde zum Beute- und zum Eroberungskriege, und der Kabinetskrieg der Fürsten erst zum Vertheidigungs- und Erhaltungskampfe, sodann zum Befreiungskriege. —

Wenn irgend etwas, so beweist diese Wendung, wie ohnmächtig doktrinäre Lehren sind, wenn sie Ideale an Stelle der realen Menschheit, ein „höheres Lebewesen" an Stelle des mitten in der Natur stehenden, allen Irrthümern und Leidenschaften unterworfenen Menschen setzen wollen, wie es jetzt unsere Friedensmänner thun.

Aber noch mehr! Die Kriege des 19. Jahrhunderts wurden, da sie mit größeren Heeren geführt wurden, man auch den Grundsatz der Requisition und der Verpflegung durch das Land, wie im dreißigjährigen Kriege, wieder aufnahm, bedeutend verheerender als die sogenannten Kabinetskriege. Wie im Innern Frankreichs die Schreckensherrschaft, so wurde auch hier das Gegentheil der durch die Philosophie des 18. Jahrhunderts gepredigten allgemeinen Menschenliebe und Verbrüderung erreicht.*) Unter den Kriegen von 1792 bis 1815 kann man als Nationalkriege, in denen beide Bedingungen — Volksheere und Antheil des Volkes mit Herz und Sinn — erfüllt waren, nur den Krieg der Franzosen von 1792 bis 1797, den Krieg

---

*) Um etwaigen Entgegnungen hier keinen Vortheil zu geben, will ich doch bemerken, daß ich mich den Konsequenzen jener Philosophie — soweit sie sich nicht von dem Boden der Wirklichkeit entfernte — und später der französischen Revolution, gewiß nicht verschließe. Man müßte blind sein, wenn man nicht sehen wollte, daß einzelne große Grundsätze derselben bis an die russische Grenze durch die Welt gegangen und verwirklicht worden sind. Aber auf das Emporwachsen einer Doktrin, die sich ganz von der geschichtlichen Grundlage und vor Allem von den Grundbedingungen des menschlichen Daseins lossagt, erfolgt stets ein um so härterer Rückschlag.

der Tiroler von 1809, den Krieg der Spanier von 1808 bis 1814 und den Krieg Preußens von 1813/15 bezeichnen.

Zur Zeit der Heiligen Allianz — von welcher noch weiter unten die Rede sein wird — wurde die Fürstengewalt abermals zu Einmischungen in andere Länder zu Gunsten eines Prinzips mißbraucht, wie z. B. in Spanien und Italien.

Der Krieg der Polen gegen Rußland 1830/31 war ein Nationalkrieg. Beide Völker waren von ganzem Herzen bei der Sache. Die Kämpfe von 1848 und 1849 kennzeichnen sich als Nationalitäts- und Prinzipienkämpfe. Der Krimkrieg hatte einen ganz eigenartigen Charakter. Er war weder ein reiner Kabinets- noch ein nationaler Krieg, sondern ein Interessenkrieg.

Und zwar waren diese Interessen durchaus nicht die der Dynastien allein, sondern auch die der Völker. Es lag und liegt noch im politischen und im Handelsinteresse West- und Mitteleuropas, zu verhindern, daß Rußland die Balkanhalbinsel gänzlich in seinen Besitz bringt. Hätte man Rußland 1854 und 1877 gewähren lassen, so würden sich die Folgen durch eine übermäßige Ausbreitung der russischen Macht, verbunden mit seinem Einfluß auf die slavischen Stämme, sehr bald gezeigt haben.

Der Krieg von 1859 war im französischen und sardinischen Kabinet vorbereitet, trotzdem war er von Seiten der Italiener ein reiner Nationalkrieg. Von Seiten der Franzosen ist er schwer zu charakterisiren. Man weiß, daß dieser Krieg Napoleon III. durch die Attentate, mit denen man den ehemaligen Carbonaro an seine Pflicht erinnern wollte, eigentlich aufgezwungen war. Auch die französische Nation war in ihren Empfindungen getheilt, denn die klerikale Partei wünschte diesen Krieg nicht, der durch denselben erlangten Zuavenglorie aber wurde überall zugejubelt.

Der weitere Verlauf der politischen Entwickelung hat gezeigt, daß ganz Frankreich mit dem Gange der Ereignisse — ausgenommen die Annexion von Savoyen und Nizza — sehr unzufrieden war. Für Oesterreich war dieser Krieg ein Kampf um die Erhaltung seiner dynastischen und staatlichen Macht.

Der Krieg von 1864 gegen Dänemark erfüllte den brennenden Wunsch von ganz Deutschland, weiterer Vergewaltigung und Demüthigung durch den kleinen Nachbar im Norden Einhalt gethan zu sehen. Für Dänemark war er ebenfalls ein Nationalkrieg, da das dänische Volk ungetheilt und mit allen Kräften für die Sache eintrat.

Moltke sagt von dem Kriege von 1866, er sei im Kabinet vorbereitet worden. Es erscheint mir aber nicht richtig, ihn deshalb zu den Kabinetskriegen rechnen zu wollen. — Die Einheit Deutschlands herbeizuführen, war nicht nur ein Sehnen, ein Verlangen des deutschen Volkes, sondern eine absolute politische Nothwendigkeit, eine conditio sine qua non der ferneren staatlichen Selbstständigkeit desselben und der Dynastien. Nachdem der Versuch, durch das Volk allein die Einheit aufzurichten, 1848/49 gescheitert war, ergab sich die Nothwendigkeit, daß ein Fürstenhaus das Steuer ergriff und zwar zur Vermeidung einer zweiten Umwälzung und einer Schädigung durch das Ausland. Glauben sich nun zwei Staaten wie Oesterreich und Preußen dazu gleich berechtigt, und haben sie jeder das Gefühl der Gleichwerthigkeit und Stärke, so bleibt eben nichts Anderes übrig wie der Austrag durch die Waffen.

Der Krieg von 1866 war also nothwendig, um einen Fortschritt in den gewaltigsten Lebensinteressen nicht nur Preußens, sondern auch des deutschen Volkes zu Wege zu bringen, und als solcher war er, mit dem aus der allgemeinen Wehrpflicht hervorgegangenen Aufgebot geführt, ein Nationalkrieg. — Die Stimmung des Volkes war infolge des inneren Konfliktes anfangs getheilt und schlug erst, nachdem man die energische und vaterländische Politik der Regierung erkannt hatte, in helle Begeisterung um — mit Ausnahme der starr ultramontanen und partikularistischen Kreise.

Was würde bei einem seit so langer Zeit zugespitzten Gegensatz zwischen zwei Staaten wohl ein Schiedsgericht für Erfolge gehabt haben? Und dabei gehörten diese Staaten einem Staatenbunde an, dessen Glieder vertragsmäßig zum Frieden untereinander verpflichtet waren!

Um einen Nationalkrieg zu führen, ist es also zwar vortheilhaft, wenn die Volksstimmung sogleich auf Seite der Regierung tritt, 1866 zeigt uns aber, daß das Fehlen dieser Stimmung dem Kriege seinen nationalen Charakter nicht raubt. Denn die Volksstimme kann irren und hat recht oft geirrt.

Wenn nun jetzt wieder, und neuerdings erst im Reichstage selbst, durch die Sozialdemokratie die Kriege von 1864 und 1866 als durch Bismarck herbeigeführt, geschildert wurden, nur um innere Schwierigkeiten zu beseitigen, so kann man einzig und allein sagen, daß eine Sache, welche die Dinge derart auf den Kopf stellt, keine gute sein kann, denn die socialdemokratischen Führer haben gewiß genug geschichtliche Kenntnisse, um besser über diese Periode unterrichtet zu sein. Die Schwierigkeiten waren gerade entstanden, weil man das Ziel der Einigung schon in's Auge gefaßt hatte und die Mittel dazu beschaffen mußte.

Kriege Oesterreichs können eigentlich bei der Zusammensetzung des Staates aus zehn Nationalitäten, niemals Nationalkriege sein, denn wenn ein Krieg fünf Nationalitäten gefällt, würde er vielleicht fünf anderen nicht gefallen. Die Kriege Oesterreichs kann man nur als Kriege des Staates bezeichnen.

Auf dem Schlachtfelde haben freilich sogar die Soldaten derjenigen Nationen, welchen der Krieg nicht gefiel, immer ihre Schuldigkeit gethan, weil das Band der gemeinsamen Armee sich stets als ein mächtiges erwies; doch kann nicht verschwiegen werden, daß z. B. 1866 ungarische Gefangene keine übergroße Begeisterung für Oesterreichs Sache zeigten. Anders würde dies wieder in einem Kriege gegen Rußland sein.

Was nun den Krieg von 1870/71 betrifft, so wurde die Herausforderung Frankreichs sofort mit der einmüthigen, begeisterten Erhebung des deutschen Volkes beantwortet. Hier traf wie 1813 Alles zu der Kennzeichnung des wahren Nationalkrieges zusammen.

Auf französischer Seite sollte der Krieg als Mittel dienen, die Dynastie, welche ins Wanken gekommen war, wieder zu festigen, indem man durch Demüthigung einer Macht, welche den Ruhm der französischen Armee verdunkelt hatte, und durch neue Eroberungen der verletzten Eitelkeit der Franzosen Genugthuung geben wollte. Daneben spielte auf Seiten der nächsten Umgebung des Kaisers die geheime Hoffnung auf Stärkung des Klerikalismus mit.

Die Entstehungsursache ähnelt also denen der Kabinetskriege des 18. Jahrhunderts insofern, als es sich hauptsächlich um die Dynastie Napoleon handelte, jedoch unter der bei den veränderten Verhältnissen nöthigen Rücksichtnahme auf die Stimmung des Volkes. — Diese Stimmung war, nun mit Ausnahme weniger heller Köpfe, dem Entschluß der Regierung günstig, zum mindesten aber hatten die Kriegsschreier das Uebergewicht, und so machte sich die Nation zum Mitschuldigen Napoleons III. Ja, man kann sogar mit Recht sagen, er wurde durch den Chauvinismus, den Radikalismus und Klerikalismus zu dem verhängnißvollen Schritt getrieben.

Denn Napoleon III. sah weiter als die Mehrzahl der Franzosen, zum mindesten, was den Krieg mit Deutschland anbelangt.

Aus der Gestaltung der Dinge in Frankreich zu Anfang des Krieges läßt sich erkennen, daß die Stimmung der Menge noch keinen Gradmesser für die Gerechtigkeit eines Krieges und keine Berechtigung giebt, denselben für einen nationalen zu erklären. Ist einmal ein Fehler begangen, so ist man niemals mehr vollständig Herr seiner Entschlüsse, und man kann die Konsequenzen schwer vermeiden. Deswegen kann man es nicht tadeln, daß die Franzosen nach der Schlacht bei Sedan mittelst eines allgemeinen Aufgebotes unter Gambettas Leitung versuchten, das Geschick zu wenden. Man kann von diesem Moment ab ihren Krieg einen nationalen zu nennen, ohne daß derselbe deshalb ein gerechterer als der unter dem Kaiser wurde, denn mit dem Flecken der Ungerechtigkeit der Entstehung und des Mißbrauches blieb er immer behaftet.

Es kann also ein mit den Mitteln der allgemeinen Wehrpflicht und zur Vertheidigung des eigenen Landes geführter Krieg ein nationaler, aber er braucht deshalb nicht nothwendig ein gerechter zu sein.

Es ist mit dem Ausdruck Nationalkrieg in den letzten Jahrzehnten vielfach Humbug getrieben und viele Verwirrung angerichtet worden.

Wir glauben im Verlaufe dieses Kapitels nachgewiesen zu haben, daß eine bestimmte Gattungseintheilung der Kriege nicht möglich, daß den Begriffen Kabinetskrieg, Volks- und Nationalkrieg oft Bedeutungen untergelegt werden, deren mangelnde Begründung bei genauerer Betrachtung der Geschichte augenscheinlich ist; daß die Sozialdemokraten und Friedensmänner ihr Rüstzeug vielfach noch aus den Zeiten des Kabinetskrieges beziehen, und daß die dorther geholten Argumente durchaus nicht mehr auf die Gegenwart passen; daß andererseits ebenso wenig wie die Kriege des 18. Jahrhunderts einen ganz einheitlichen Charakter trugen, man dies von den Kriegen des 19. Jahrhunderts behaupten kann.

Aber wie die Kabinetskriege durch die Behauptung von ihrer durchgängig niederträchtigen Entstehung von den Sozialdemokraten und Friedensmännern ausgenutzt werden, so jetzt auch die Nationalkriege, da sie — nach jenen — die Massen, „welche die ganze Sache nichts angeht", auf die „Schlachtbank" führen.

Die Sozialdemokraten wollen den Krieg von der Zustimmung des Volkes abhängig machen, die Friedensmänner würden nicht umhin können, diesem Grundsatz, falls der Krieg, ihren Theorien zum

Trotz, ungeachtet Schiedsgerichte und internationaler Bündnisse unabwendlich werden sollte, auch beizustimmen. Es ergiebt sich aus der Geschichte der letzten dreißig Jahre, indem man die Stimmungen der Völker zu Rathe zieht, daß man in solchen Voten gewiß ein untrügliches Mittel die Gerechtigkeit, Nothwendigkeit und Heiligkeit eines Krieges zu sichern, nicht würde erblicken können.

VIII.
Der Krieg und die jetzige Civilisation.

Deine Ausführungen über die Entstehung des Kampfes und des Krieges, wird man aus den Reihen der Freunde der Friedensidee vielleicht antworten, wollen wir einmal auf sich beruhen lassen, aber sie beziehen sich auf die Urzeiten und von dort auf vergangene Jahrhunderte. — Aber wir sind vorgeschritten, Deine Behauptungen, selbst wenn Du sie bewiesen hättest, haben gar keinen Bezug mehr auf die Gegenwart. Und selbst wenn dem so wäre, so kämpfen wir um den Fortschritt des Menschengeschlechts, um die Beseitigung der Barbarei des Krieges, um Beseitigung der Vorurtheile, welche den Krieg und die Thaten in demselben hochhalten.

Meiner Ansicht nach kann nur der so sprechen, der die unübertreffliche und unvergängliche, ewige Lehrmeisterin nicht anerkennt, die Geschichte nicht zu lesen versteht.

Daß man nicht absolut nachzuahmen braucht, was vergangene Jahrhunderte gebracht haben, oder am Abgestorbenen kleben soll, darüber kann kein Streit sein, aber erkennen soll man aus der Geschichte das ureigenste Wesen der Menschheit und der verschiedenen Nationen und soll sich nicht vermessen, auf einmal gerade auf diesem Boden ein ganz neues Gebäu, nur aus dem Witz und Verstande der Gegenwart errichtet, an die Stelle aller Erfahrung und des Urtheils so vieler Denker aller Nationen setzen zu wollen.

Man sagt, die Menschheit schreite unaufhaltsam vor. Wir müssen zugestehen, daß, ganz abgesehen von den materiellen Verbesserungen — z. B. den Verbindungen — in vielen Beziehungen, gerade auch im Kriege, mildere Sitten obwalten als zu den Zeiten höchster Bildung des Alterthums, und daß in mancherlei Beziehung ein höheres Sittengeseß erkennbar sein mag als früher.

Die Behandlung der Kriegsgefangenen, die möglichste Schonung des Eigenthums, die Genfer Uebereinkunft sind solche Züge. Wer sollte sie nicht hochschätzen? Nur ein Unmensch könnte es, und der wahre Kriegsmann ist kein Unmensch. Die elementarmächtige Gewalt und die Schrecken des Krieges lehren ihn Gott vor Augen haben, und die Kriegerehre befiehlt ihm die Schonung des Entwaffneten, die möglichst milde Behandlung der Einwohner auch des feindlichen Landes.

Aber die Geschichte lehrt uns auch, daß die hohe Civilisation des Alterthums vernichtet wurde, und daß die Entwickelung einer neuen Civilisation Jahrtausende dauerte.

Die Geschichte lehrt uns, daß die damals bestehende Civilisation verrottet und verfault war, und daß die sie angreifenden Barbaren ein reineres Sittengeseß pflegten als die Bewohner des Weltkaiserreiches. Es geht also die größere Moral, die Pflege reiner Sitten durchaus nicht immer Hand in Hand mit der höheren Civilisation, wie wir schon vorhergehend bemerkt haben.

Die Schwächen unserer Civilisation zeigen sich täglich so deutlich, daß es kaum nöthig erscheint, sie zu berühren. — Vielfach wird behauptet, der Mensch im uncivilisirten Zustand — sagen wir z. B. wie zur Zeit Cäsars etwa die Germanen — sei viel schlimmer gewesen als der jetzige. Die Schilderung des Tacitus, sagt unter Anderen der französische Historiker Duruy, paßt auf jene deutschen Barbaren gar nicht. Tacitus wollte, indem er seinen Mitbürgern eine unwahre Schilderung der Sitten der Germanen gab, ihnen nur einen Spiegel vorhalten, in welchem sie den Verfall ihrer eigenen Sitten zu erkennen vermochten.

Wir halten nun zwar, trotz dieser mit der Spitze gegen das Deutschthum überhaupt gerichteten Sätze die Schilderung des Tacitus für bei weitem treuer, als Duruy annimmt, indeß schreiben wir hier nicht, um darüber geschichtliche Untersuchungen anzustellen.

Wir wollen also gern zugestehen, daß es damals unter unseren germanischen Vorfahren und anderen als Wander-, Acker- oder Hirtenvölker lebenden Nationen auch mannigfache Laster gegeben haben mag, ganz abgesehen von der Grausamkeit ihrer Sitten bei Eroberung und Krieg. Aber ob die Wage zu Gunsten der Gegenwart finken würde, wenn wir im Stande wären, sie zu handhaben, das erscheint zweifelhaft.

Die antike Civilisation fiel, und wer sagt uns, daß über kurz oder lang nicht auch die unsrige fallen wird? Es giebt sehr wenige absolute Fortschritte, d. h. solche, bei deren Verwirklichung sich nicht auch ein Nachtheil zeigte.

Greifen wir in die jüngste Zeit und betrachten zuerst den materiellen Fortschritt. Die Verbesserung der Verbindungsmittel durch Dampfschiffe, Eisenbahnen u. s. w. wurde als ein ungeheurer Fortschritt in jeder Beziehung gepriesen. — Er war es auch ohne Zweifel für den Handel, aber auch der ausgesprochenste Freihändler wird nicht ganz leugnen können, daß die Ueberschwemmung des heimathlichen Marktes mit Produkten ferner Welttheile durch eben diese neuen Beförderungsmittel mancherlei Nachtheile mit sich brachte.

Das freie Wort ist nöthig — wer wollte es bezweifeln? — aber wir glauben, es wird Niemand so unehrlich sein, widerlegen zu wollen, daß die Freiheit der Presse uns nicht nur den idealen Wettkampf zur Ermittelung der Wahrheit gebracht, an den die Philosophen des 18. Jahrhunderts und unsere vormärzlichen Liberalen geglaubt hatten, sondern auch eine Revolverpresse und Hintertreppenliteratur gezeitigt hat, welche wir uns vergeblich abzuschütteln bemühen.

Wir glauben, in einer Zeit der Aufklärung zu leben — aber wir sahen die Wundergrotte von Lourdes und die Ausstellung des heiligen Rockes zu Trier, gegen welche, was das Schlimmste ist, von einem Aufschrei flammenden Zornes in Deutschland nichts zu bemerken war.

Das Volk hat das Recht und die Pflicht, seine Stimme in der Leitung des Staatswesens zur Geltung zu bringen, und bedarf daher in der Gegenwart einer Vertretung. Mit Ausnahme von Rußland und Mecklenburg besteht die Repräsentationsverfassung in allen Kulturstaaten. Aber wer will in Abrede stellen, daß das parlamentarische System in vielen Ländern übermäßiges Fraktionswesen, Intriguenspiel, Nepotismus aller Art aufzuweisen hat, daß die Volksvertreter keineswegs stets immer das Beispiel amtlicher Pflichttreue, würdigen Benehmens und reiner Vaterlandsliebe dem Volke, das sie gesandt, vor Augen stellen?

Die große Revolution machte einem Zustand voll schreiendster

Mißbräuche ein Ende, aber der Predigt der allgemeinen Menschenverbrüderung und der Erklärung der Menschenrechte folgten die Septembermorde, die Schreckensherrschaft, die Massenersäufungen von Nantes und ein dreiundzwanzigjähriger Krieg. — Wir sind stolz darauf, daß die Greuel vergangener Zeiten, die Giftmorde der Medicis und Borgia, die Erekutionen ohne Prozeß an Parteihäuptern (Guise x.) aufgehört haben, aber die Niedermetzelung von Lemberg und Latour, Lichnowsky und Auerswald im Jahre 1848*), die Erschießung der Geiseln durch die Kommunarden 1871, die zahllosen Attentate auf gekrönte Häupter, die Petroleusen, die Dynamitarden, das geflossene Blut des ehrwürdigsten Hauptes deutscher Nation, der Sprengtod Alexanders II. — beweisen sie etwa den so oft gepriesenen Fortschritt unseres Jahrhunderts? — Man wird erwidern, daß dort, wo Sibirien auf dem Verwaltungswege erreicht werden kann, die Attentate nur eine natürliche Reaktion sind. Das mag sein, aber Alexander II. hatte der Leibeigenschaft ein Ende gemacht und führte im Allgemeinen ein mildes Regiment. — Und Kaiser Wilhelm I., König Humbert — was für Entschuldigungen will man hier anführen?

Es ist ungeheuer billig, bei solchen Verbrechen stets die halbe oder ganze Unzurechnungsfähigkeit der Mörder zu proklamiren oder solche Thaten wie eine Art Epidemie zu behandeln. Die Grundsätze und Lehren, welche die Mörder eingesogen, trieben sie zur That; ohne Jesuiten gab es keinen Clement, keinen Ravaillac, ohne Sozialdemokratie keinen Hödel, keinen Nobiling. Doch mag dem nun sein, wie ihm wolle; mag die eine Partei die Ursache der Greuel der anderen und die andere wieder der ersten zuschreiben — Thatsache ist, daß diese Zustände existiren, daß die Handlungen verübt worden sind, und daß sie für unsere Zeit typisch, daß sie nicht vereinzelte Verbrechen sind, und daß Blut wieder Blut hervorrief. Wo ist denn nun in Bezug auf das Sittengesetz der ungeheuere Fortschritt zu finden?

---

*) General Lemberg, Abgesandter des Kaisers, General Latour, Kriegsminister, General v. Auerswald, Fürst Lichnowsky, wurden durch revolutionäre Haufen, der Erste zu Pest, der Zweite in Wien, die beiden Letzten zu Frankfurt a. M. ermordet. Auf der andern Seite gebrauchten die Regierungsgewalten, wo sie siegreich waren, scharfe Mittel, wie die standrechtlichen Erschießungen in Pest, Wien und Rastatt, 1848—1849, die Massenhinrichtungen in Paris nach Belegung des Juniaufstandes 1848 und der Kommune 1871 beweisen.

Was gleicht der Nichtswürdigkeit des Sprengattentats im Winterpalais, wo fünfzig unschuldige Menschen starben, oder des Reinsdorf'schen Attentats am Niederwald, welches nur durch einen Zufall nicht zur Ausführung kam, oder der neuesten Hausattentate in Paris?

Wir müssen uns angesichts solcher Thatsachen skeptisch gegen die Meinung von dem ungeheueren sittlichen Fortschritt verhalten. Diese Attentate sind nichts als ein versteckter Krieg, ein furchtbarer Mißbrauch desselben gegen die jetzige Gesellschaftsordnung — für deren Schäden auch wir durchaus nicht blind sind — und den jetzigen Staat, gegen welche die Unthaten der Condottieri verschwinden.

Und diese Zeit soll zu dem von den Sozialdemokraten und Friedensmännern gepredigten ewigen Völkerfrieden reif sein? Dies ist der Zustand, der uns von den Menschen vergangener Jahrhunderte unterscheiden soll, und bei solchen Flecken soll unsere Civilisation uns befähigen, der „Friedensidee" Geltung zu verschaffen?

Die Berührung der Völker durch die Verkehrsmittel der Gegenwart wollen wir nicht unterschätzen. Sie dient unbezweifelt dazu, die Völker näher zu bringen, und wo früher Völkerwanderungen und Kriege eintreten mußten, um Künste und Wissenschaften weiter zu verbreiten, wird jetzt ein gut Stück Arbeit zwischen den civilisirten Nationen durch den erleichterten Verkehr besorgt. Dies ist aber auch das Einzige, was man zu Gunsten der Friedensidee Thatsächliches zu sagen vermag. Zur Hebung wahrer Sittlichkeit — der Bedingung wahrer Civilisation — aber hat der erleichterte Verkehr nichts beigetragen. Auch ist trotz desselben die Abneigung der Nationen gegeneinander keineswegs schwächer geworden. Im Gegentheil! Es haben sich sogar Natiönchen erhoben, deren Gebahren nur die Ausartung und den Mißbrauch des Nationalitätsprinzips darstellen kann.

Wenn man also auch einzelne Fortschritte wie z. B. die Abschaffung der Leibeigenschaft und Sklaverei, der Kabinetsjustiz und Inquisition, nicht verneinen kann, so beweist unsere obige Darlegung doch, daß es unmöglich ist, einen ungeheueren Unterschied von dem Kulturzustande der letztvergangenen Jahrhunderte festzustellen, einen Unterschied, der sich auf nicht weniger als auf eine Aenderung der menschlichen Natur, auf die Ausmerzung der Bestie in derselben, erstrecken müßte.

Diese jetzige Welt, in welcher der infamste Mißbrauch mit den

Erzeugnissen unserer vorgeschrittenen Technik getrieben wird, sie wird vielleicht den offenen ehrlichen Krieg einst noch als eine Erlösung begrüßen.

Die Feinde unserer Civilisation sind in uns selbst. Sie wissen, was sie wollen, und wenn die Zeit gekommen, werden sie, nachdem sie ganz wie die Friedensfreunde gegen den „Massenmord" und gegen den „Moloch des Militarismus" gepredigt haben, die Flinte nehmen und den offenen Krieg beginnen, denn was ist denn Revolution anders als Krieg? So ganz unblutig pflegt es doch sehr selten dabei abzugehen.

Unsere Schlußfolgerung ist also: Der Hinweis auf unsere Civilisation kann die Richtigkeit unserer Behauptungen in den vorhergehenden Kapiteln über die Eigenthümlichkeit der menschlichen Natur im Individuum und im Geschlecht, welche den Kampf bedingen, nicht entkräften, und wird es nicht können, selbst wenn dieser Kulturzustand wirklich einst ein so erhabener und reiner werden würde, wie ihn die Friedensfreunde träumen. Denn die menschliche Natur und die Bedingungen unseres Daseins ändern zu können, das wird doch wohl Niemand im Ernst behaupten wollen.

IX.

Die Arbeit der Sozialdemokraten und Friedensmänner. Die Unausführbarkeit der Vorschläge der Friedensmänner.

„Die sociale Frage ist wesentlich eine Machtfrage". Diese Aeußerung wird dem Fürsten Bismarck zugeschrieben, und ist sie authentisch, so hat er mit derselben ein ebenso richtiges Wort für die Gegenwart gesprochen, wie er es mit dem Wort: „Die deutsche Frage wird nur durch Blut und Eisen gelöst werden" für die Zeit vor 1866 sagte.

Es wäre gut, wenn man sich dies stets recht lebendig vor Augen hielte, das jetzige Wort ist so viel werth wie das frühere.

Ihre Lehren und Bestrebungen haben die Sozialdemokraten oft dargelegt, über ihre Verwirklichung schweigen sie weise. Erwähnt haben wir schon, daß ihre Deklamationen gegen Krieg,

Kriegsruhm — in ihrer Sprache: Schlächterei und Massenmord, stehende Armeen und Militarismus hauptsächlich Mittel zum Zweck sind. — Sie bewegen sich im Uebrigen darin in einem ewigen Zwiespalt. Der Eine und der Andere spricht einmal aus, daß die Sozialdemokraten im Kampfe für das Vaterland auch ihre Schuldigkeit thun werden — der Andere meint, ein Krieg gegen Rußland wäre heilig, dies sei der eigentliche Erbfeind, nicht das freundliche Frankreich, welches den fremden Sozialdemokraten auf dem Stadthause von Paris Punsche gab; der Dritte nennt die Annexion von Elsaß-Lothringen ein Verbrechen, meint aber, von einer Rückgabe hätte seine Partei nie gesprochen; man hätte Frankreich auferlegen sollen, nur eine Miliz zu halten, diese tauge nicht zur Eroberung.*)

Ueberhaupt geben die Sozialdemokraten stets den gewiegten Rath, eine Miliz zu halten, und — „Glauben Sie denn, fragen sie im Reichstage, „daß die schweizerischen Milizen sich schlechter schlagen werden als unsere Leute?" — Obgleich nun also einzelne Kriegsfälle als möglich von ihnen angenommen werden, so verweigern doch die Sozialdemokraten hartnäckig jeden Groschen für den Heeresetat, welcher uns doch einzig und allein in den Stand setzen könnte, gegen die uns bedrohenden mächtigen Feinde bestehen zu können.

Genug, der Widersprüche und Inkonsequenzen in Bezug auf Kriegsfragen sind so unendlich viele in den sozialdemokratischen Aeußerungen und Agitationen, daß wir uns hiermit nicht lange zu befassen brauchen. — Diese Widersprüche schaden ihnen in den Augen ihrer Anhänger aber gar nicht, denn erstens ist die Masse nicht dazu geschickt, dieselben zu finden und aufzudecken, und endlich bleibt das Hauptgericht, die Aenderung der jetzigen Gesellschaftsordnung und Besitzverhältnisse oder, wie Marx offenherzig sagt, die Diktatur des Proletariats, immer schmackhaft.

Das Uebrige wird sich finden.

Die Pompadour sagte: Après nous le déluge! Die Führer der Sozialdemokratie müßten sagen: Nach uns das Chaos! — Und aus diesem Chaos wird sich das alte Schauspiel wieder entwickeln,

---

*) Man wies in der betreffenden Reichstagssitzung mit Recht darauf hin, daß eine solche Bedingung weit bemüthigender für Frankreich gewesen sein würde, als der Verlust einer früher deutsch gewesenen Provinz. Man bemerke den Widerspruch in den Sätzen über den Werth einer Miliz. Mit Leuten, die in Militärsachen nicht das ABC kennen oder nicht kennen wollen, läßt sich nicht rechten.

das immer wiederkehrt: der blanke Säbel des Diktators, und das Ganze wird heißen: Kampf, Krieg.*)

Theoretisch konsequenter in Bezug auf den Krieg verfährt die neueste Agitation der Friedensmänner. Sie ist darin sogar radikaler als die der Sozialdemokratie.

Werfen wir einen Blick auf die geschichtliche Entwickelung der Friedensidee. Sehr vereinzelte ähnliche Bestrebungen finden sich schon im Alterthum.

Im Mittelalter versuchte der Papst — wenn es ihm paßte — hin und wieder den Friedensstifter zu spielen, ließ aber andererseits sehr oft das Kreuz nicht nur gegen die Muselmanen, sondern auch gegen die Ketzer predigen; betheiligte sich auch selbst an verschiedenen Kriegen — Julius II. erstieg sogar, den Degen in der Hand, die Bresche — und zwar im Sinne der insbesondere im 15. und 16. Jahrhundert in Italien herrschenden infamen Staatskunst.

Ende des 17. Jahrhunderts tauchten in England Bestrebungen für die Idee eines ewigen Friedens auf, verbunden mit dem Widerwillen der Engländer gegen stehende Heere.

Ob die Vorschläge Heinrichs IV. von Frankreich zur Herstellung eines Friedensbündnisses zwischen den europäischen Staaten ernst

---

*) Es ist eine der blödesten Seiten des Philisterthums, daß sich eine Menge Menschen jetzt wirklich einbildet, die deutsche Sozialdemokratie wolle ihr Ziel auf friedlichem Wege erreichen, allmälig nach Bellamy'scher Methode „in den jetzigen Staat hineinwachsen", und was der anderen schönen Bilder mehr sind. „Die Anarchisten, ja das sind böse Leute, aber die Sozialdemokratie hat nichts mit ihnen zu thun. O nein!" — Nun, die Anarchisten sind sehr gute Leute für die Sozialdemokratie, denn sie geben ihr die Gelegenheit, sich, wenn es ihr gerade passend erscheint, als engelrein im Vergleich zu ihnen hinzustellen. — Die Anarchisten sind ungefährlich für das Ganze, der einzige gefährliche Feind ist die organisirte deutsche Sozialdemokratie, welche unserer Militärverfassung die Disziplin abgelernt hat. Ein Redner im Reichstage warf neulich einer anderen Partei Furcht vor den Sozialisten vor. „Die Furcht hat keinen Appell in deutschen Herzen", sagen wir mit Fürst Bismarck. Das Philisterthum wird gerade so lange keine Furcht haben, als die Armee da ist und — feuert. Denken wir uns dieselbe acht Tage fort, so würde die Gemüthsverfassung sich ändern. — Sich über die Absichten und Ziele der deutschen Sozialdemokratie täuschen zu können, erscheint unglaublich, wenn man daran denkt, was die Führer in Schriften und Reden gesagt haben, von Bebels „Schlachtruf des Proletariats" 1871 bis zu den „Rothen Ostern" des Vorwärts 1892. — Diese Reden aber sind ebenso viele Brandraketen, und eine Umkehr auf dem beschrittenen Wege ist nicht möglich.

gemeint waren und nicht nur auf die beabsichtigte Schwächung der
österreichischen Macht hinausliefen, erscheint äußerst zweifelhaft.
Thatsache aber ist, daß sich die Armeen Heinrichs IV., 40,000 Mann
stark, in Bewegung gesetzt hatten, um Theil an dem in Deutschland ursächlich des jülich-cleveschen Erbfolgestreites erwarteten
Kriege zu nehmen, als ihn das Messer Ravaillacs traf.

Es ist daher ein sehr mißlungener Versuch, diesen Kriegshelden
— dessen Degen übrigens stets für die Sache der Glaubensfreiheit
focht, und dessen Menschlichkeit neben seinen Kriegertugenden stand
— als einen Vorläufer der ihrigen zu bezeichnen, wie dies jetzt
von den Friedensmännern versucht wird.*)

Das erste theoretische Werk „Projet de paix universelle
entre les potentats de l'Europe" lieferte der Abbé de Saint
Pierre.

Er setzte einen Vertrag in zwölf Artikeln auf, welcher dem
Bündniß der europäischen Staaten zur Grundlage dienen sollte.
Eine Bundesvertretung in einer freien Stadt sollte diesem Bunde
zur Entscheidung aller Streitigkeiten vorstehen.

Unter diesen Artikeln findet sich ein sehr bezeichnender, welcher
beweist, daß ein Franzose schon damals den Vortheil seiner Nation
niemals aus den Augen ließ. Der Artikel 6 lautet: Die spanische
Krone bleibt für immer in dem Hause Bourbon.

Aha! Die spanische Erbfolgefrage war gerade brennend,
als der Abbé sein Buch schrieb. Dies erinnert an die Friedenskongresse,
in denen die französischen Abgeordneten nur einen Krieg noch für
nothwendig erklärten, nämlich den gegen das zu groß gewordene
Preußen.

Im Uebrigen ist in dreien dieser Artikel der Niederwerfung von
Aufständischen, der Ergreifung der Waffen gegen geächtete Feinde
der europäischen Gesellschaft und der sofortigen Bundesexekution
gedacht.

Hierin schon, in diesem fast zweihundert Jahre alten Versuch
einer Formulirung der Friedensidee, sehen wir augenscheinlich den
Widersinn aller der neueren Schiedsgerichtsvorschläge. Also Niederwerfung der Geächteten und Aufständischen und Bundesexekution!
Nun, ist dies etwas Anderes als Krieg? — Und die Geächteten

---

*) „Wie man den Krieg abschafft." S. 40.

werden sich sehr wahrscheinlich fast stets als **unrechtmäßig** geächtet halten.

In dem nun folgenden Zeitraum des 18. Jahrhunderts bis zum Erscheinen der Schrift von Kant „Zum ewigen Frieden" (1795) wirkten zwar die berühmten Philosophen Frankreichs, welche die französische Revolution vorbereiteten, aber nirgends sehen wir, daß die Idee eines ewigen Friedens systematisch aufgestellt und verfochten wird. Einige französische Schriftsteller machen zwar da und dort Versuche, das Waffenhandwerk möglichst herabzusetzen, doch geschieht dies nur — wie Friedrich der Große sehr richtig bemerkt — um die schimpflichen Niederlagen ihres Heeres unter den Maitressenfeldherren zu verdecken.

Eine Theorie über diesen Gegenstand wurde erst in jenem Werke des großen Ostpreußen aufgestellt. Wenn wir dasselbe hier kritisch betrachten wollen, so geschieht es einem solchen Manne gegenüber einzig und allein an der Hand der Erfahrungen der Geschichte, welche uns jetzt zu einem Urtheil befähigen.

Wir haben schon vorher erwähnt, daß Kant ausdrücklich den Frieden keineswegs für den Naturzustand erklärt, sondern behauptet, er müsse **gestiftet** werden.

Unter Naturzustand versteht Kant hier das Nebeneinanderexistiren einzelner Menschen oder Völker, ohne daß dieselben in ein rechtliches Verhältniß zu einander treten, also eine höhere Gewalt nicht über sich anerkennen.

Kant entwirft zu diesem Zweck erst Präliminarartikel, die man hier nicht zu betrachten braucht, denn sie enthalten — neben der Forderung des Aufhörens der stehenden Heere — meist nur einzelne Sittengesetze für Friedensschlüsse, Verhalten der einzelnen Staaten gegeneinander und für die Führung der Kriege, die das eigentliche Ziel seiner Vorschläge nur wenig berühren und von denen einige, so z. B. der Grundsatz der Nichteinmischung in die inneren Angelegenheiten eines anderen Volkes, in der zweiten Hälfte unseres Jahrhunderts fast allgemeine Geltung erreicht haben. Der erste Definitivartikel enthält die Forderung, das die bürgerliche Verfassung in jedem Staate republikanisch sei.

Mit der Unrichtigkeit der hieraus gezogenen Folgerung, daß diese Art Verfassung den Krieg durch eine Erklärung der Staatsbürger verhindern würde, haben wir uns an der Hand der Geschichte schon beschäftigt. (Vergl. Kapitel VI. S. 61. 62.) Wir können hier aber noch erläuternd hinzuſetzen, daß Kant unter der republikaniſchen Staatsform nicht allein die demokratiſche verſteht, ſondern er ſagt: „Der Republikanismus iſt das Staatsprinzip der Abſonderung der ausführenden Gewalt (der Regierung) von der geſetzgebenden. Der Despotismus iſt das der eigenmächtigen Vollziehung des Staats von Geſetzen, die er ſelbſt gegeben hat, mithin der öffentliche Wille, ſofern er von dem Regenten als ſein Privatwille gehandhabt wird."

Kant ſpricht ſich in den folgenden Sätzen gegen die Demokratie, welche nothwendig zum Despotismus führt, und gegen die Autokratie, ſomit für die Repräſentativverfaſſung aus. Mithin iſt er ein Anhänger des konſtitutionellen Prinzips, welches damals von allen Staaten Europas nur in England herrſchte, jetzt aber mit Ausnahme der Schweiz, Rußlands und der Türkei überall angenommen iſt, gleichgültig, ob ſich der Schwerpunkt der Macht in dem einen Staate mehr zum Parlament oder zur Krone neigt. Auch Frankreichs republikaniſche Verfaſſung iſt eine Repräſentativverfaſſung mit dem Schwerpunkt in dem Hauſe der Abgeordneten, unverantwortlichem Staatsoberhaupt und verantwortlichem Miniſterium.

Der Wunſch Kants nach den von ihm ſogenannten republikaniſchen Verfaſſungen iſt alſo ſeit lange in Europa erfüllt, aber Kriege hat es trotzdem gegeben, und es hat nicht den Anſchein, als ob ſie aufhören würden.

In einem Aufſatz, der von der öſterreichiſchen Baronin Bertha v. Suttner herausgegebenen Monatsſchrift zur Förderung der Friedensidee: „Die Waffen nieder!" werden England, die Schweiz, Holland, Belgien, Dänemark mit der gewöhnlichen deutſchen Beſcheidenheit für eine „friedliche Staatenariſtokratie erklärt". „Kriege führen ſie keine", heißt es weiter, „weil ihre Civiliſationsſtufe im Allgemeinen eine höhere iſt als die der übrigen Staaten."

Und das wird geſagt, nachdem England von 1854 ab den Krieg gegen Rußland und zahlloſe Kriege in anderen Welttheilen zur Behauptung der Handelsherrſchaft auf der Erde führte; das ſagt der Verfaſſer, deſſen Name wenigſtens ihn zu einem Deutſchen ſtempelt, von Dänemark, welches in den letzten Jahrzehnten zwei Kriege gegen Deutſchland führte und deſſen Miniſterium 1870 nur mit einer Stimme Majorität die Kriegserklärung gegen Deutſchland ablehnte. (Ein Beiſpiel, wie genau die Friedensfreunde es mit der hiſtoriſchen Wahrheit nehmen. — Allerdings ſetzt er bei Dänemark hinzu „wohl für alle Zukunft". Wie kann man zu dieser Schlußfolgerung nach jenen jüngsten Kriegen kommen?

Und das überhaupt für neutral erklärte Belgien und die Schweiz werden als Beispiele für den jeden Krieg vermeidenden hohen Civilisationsstandpunkt genannt. Das von den Klerikalen beherrschte und von der Ausbeutung durch das Kapital total unterwühlte Belgien!

Im zweiten Definitivartikel schlägt Kant einen Völkerbund wie Saint Pierre einen Friedensbund vor. Derselbe soll die gesetzliche Gewalt, welcher der in einem geordneten Staate lebende Mensch zur Vermeidung von thätlichen Streitigkeiten unterworfen ist, auch auf die Staaten ausdehnen, und den allmälig alle Völker umfassenden Mittelpunkt müßte eine große mächtige Republik bilden. — Wenn wir die Gegenwart betrachten, so sehen wir, daß die mächtige französische Republik davon durchaus nichts wissen will, sondern daß ihr leitender politischer Gedanke ist, mit Hülfe des autokratischen Rußland Deutschland in die frühere Machtlosigkeit zurückzuwerfen. England aber weist dergleichen in der Gegenwart aufgetauchte Vorschläge immer mit der größten Entschiedenheit durch den Mund seiner Staatsmänner zurück, ja es will sich nicht dazu verstehen, Erleichterungen in der Kriegführung, wie z. B. Schonung des Privateigenthums zur See, in Erwägung zu ziehen, und es ist hierzu vollständig berechtigt, denn es ist nicht möglich, eine Scheidung harmlosen Privateigenthums von den zur Nährung des Krieges dienenden Waaren herbeizuführen.

Kant verzichtet auf einen Völkerstaat — im Gegensatz zum Staatenbund — ausdrücklich, da er mit Recht voraussetzt, daß die Völker ein Aufgeben ihrer Selbstständigkeit nicht wollen. Und darin hat sich nichts geändert. Obgleich die Sozialdemokraten sich meist in Gegensatz zur vaterländischen Idee stellen, so würden ihnen doch die Massen noch nicht hierin folgen, wie es ja bei der Verschiedenheit der Sprachen und der Eigenart der Völker ganz naturgemäß ist.

Im dritten Definitivartikel ist von einem allgemeinen Weltbürgerrecht die Rede, welches auf dem Besuchsrechte stehen soll. Dasselbe müsse dann zum friedlichen Verkehr führen. Dagegen tadelt Kant scharf das ganze Verhalten der europäischen Nationen, die von uncivilisirten Völkern bewohnten Länder als einfach herrenloses Gut anzusehen und sie mit Gewalt in Besitz zu nehmen.

Man kann dies vielleicht vom Standpunkt der Moral nicht

billigen, aber man möge uns die Frage genügend beantworten, wie die Welt jetzt aussehen würde, wenn dies nicht geschehen wäre. Würde Amerika die von den Friedensfreunden so hochgepriesene Civilisation der Gegenwart besitzen, wenn nicht schließlich das Schwert den Weißen dort Eingang verschafft hätte? Und darin sind wir nicht weiter gekommen als früher, wenn wir auch jetzt unseren Eroberungen den wohlklingenden Titel „Schutzverträge" geben. Hier abermals zeigt sich das Walten des unerbittlichen Naturgesetzes, welches den Kampf als absolut nöthiges Mittel und treibendes Element in der Entwickelung des Menschengeschlechts hinstellt.

Und die besonderen Verhältnisse können noch dazu hier einen grausamen Krieg nothwendig machen, wenn auch mit uns jedem ehrlichen Kriegsmanne, der an europäische Kriege gewöhnt ist, das Sengen und Brennen in den Dörfern der Eingeborenen von Herzen zuwider ist.

Eine höchst merkwürdige Abhandlung ist der „Zusatz" zu diesen Artikeln „Von der Gewähr des ewigen Friedens".

Kant will erst beweisen, daß die Natur sich des Krieges bedient hat, um die Menschen in die verschiedensten Richtungen der Erde hin zu zerstreuen und sie zu bevölkern, wozu sie ihnen überall, selbst in den unwirthlichsten Gegenden, die Mittel gewähre. Zugleich aber zwinge der Krieg die Menschen dazu, sich fester zusammenzuschließen und Staaten zu gründen.

Hier wäre also eine civilisatorische Wirkung des Krieges — die wir auch behaupten — zugestanden. Aber Kant führt weiter aus, daß die Nationen andererseits durch den „wechselseitigen Eigennutz" und den Handelsgeist, „der mit dem Kriege zusammen nicht bestehen kann", zusammengeführt werden und daß durch die Neigung, den Krieg zu vermeiden und durch Vermittlungen abzuwehren, sich eine gewisse Gewähr des ewigen Friedens ergeben würde. „Freilich" sagt Kant, „(geschieht dies nur) mit einer Sicherheit, die nicht hinreichend ist, die Zukunft desselben zu weissagen, aber doch in praktischer Absicht zulangt und es zur Pflicht macht, zu diesem (nicht bloß schimärischen) Zweck hinzuarbeiten."

Die Geschichte zeigt, daß Handelsinteressen auch oft zum Kriege geführt haben und zwar bis in die neueste Zeit hinein. Indeß läßt sich nicht leugnen, daß in einzelnen Fällen älterer und neuerer Zeit Kriege in solchen Fragen vermieden worden sind, aber niemals in vitalen Interessen der Völker.

Wir glauben, mit allem Respekt vor dem großen Todten nicht zu viel zu sagen, daß man aus der Schrift „Zum ewigen Frieden" Vieles für die Berechtigung und Nothwendigkeit des Krieges herauslesen kann, was durch die Beweisführung zu Gunsten eines ewigen Friedens, insbesondere in jenem „Zusatz" keineswegs ganz entkräftet ist. Im Uebrigen zeigt der Ton der Schrift trotz alles Freimuthes nicht die entferntefte Aehnlichkeit mit dem unserer jetzigen Agitatoren, indem das Pathos der Verunglimpfung, mit dem die Friedensmänner in ihrer von den Sozialdemokraten angenommenen Art Kriegskunst und Kriegsmänner zu brandmarken suchen, nirgends zu finden ist.

Nachdem Kant 1795 sein Buch geschrieben hatte, dauerte der Krieg fast ununterbrochen noch zwanzig Jahre, um dann einer längeren, nur durch Revolutionen und einzelne Kriegsepisoden unterbrochenen Friedenszeit Platz zu machen. Abgesehen von jenen immerhin an manchen Schauplätzen nicht unbedeutenden Kämpfen: Türkei 1828/29, Polen 1830, Ungarn, Italien, Schleswig 1848/50, den Karlistenkriegen und den Kriegen in Indien und anderen außereuropäischen Erdtheilen dauerte es 39 Jahre, von 1815 bis 1854, bis wieder europäische Großmächte sich den Krieg erklärten.

Der heilige Bund, welchen Oesterreich, Preußen und Rußland 1815 schlossen, und dem später auch Frankreich beitrat, war in edler Absicht auf die Grundlagen der christlichen Religion, somit auf brüderliche Liebe und eine Art Kosmopolitismus gegründet.

Was war das Ergebniß? Er wurde ein Werkzeug einer ganz bestimmten politischen Richtung und eines derartigen Uebergewichtes Rußlands und Oesterreichs, daß er bald auch in Deutschland von der überwältigenden Mehrheit nur als ein Sperrmittel jeder nationalen und freiheitlichen Entwickelung betrachtet wurde.

In jener langen Friedenszeit schlief der Gedanke an Krieg hin und wieder förmlich ein. Was dem Menschen nicht immer drohend vor Augen steht, das verliert, wenn auch nicht im Verstande, doch im Empfinden oft an Realität. Nachdem die Kriegsgefahren von 1830 und 1840 — welche letztere ganz unnützerweise von dem Ministerium Thiers herangezerrt worden war — vorübergegangen, glaubte man sich sehr sicher. Dazu kam, daß auch in Deutschland, je weiter die Zeit der Unterdrückung durch Napoleon I. abrückte, man die Größe jenes Mannes zu bewundern anfing und daß der frühere Nationalhaß zwischen Franzosen und Deutschen sich zum mindesten sehr vermindert hatte. — Gerechte gegenseitige Würdigung der Literatur beider Völker bahnte sich an und übte ihren Einfluß aus; die jüngere Generation in Deutschland trachtete nach Einführung der Ideen des französischen Konstitutionalismus, genug, die feindseligen Gefühle waren, wenn nicht erloschen, zum mindesten sehr vermindert, als die Wiederaufrichtung des Cäsarismus in Frankreich das Mißtrauen mit Recht auf's Neue erwachen ließ. — Ein förmliches Betreiben der Idee des „ewigen Friedens" fand in jenen Zeiten nur in geringem Maße und ohne viele Beachtung in England durch Cobden und seine Anhänger, statt.

Mit dem Jahre 1854 begann eine neue Periode großer Kriege, welche wir schon im vorhergehenden Kapitel charakterisirt haben. Es kann nur nochmals darauf hingewiesen werden, daß es sich gewöhnlich nur um Lebensinteressen der Völker, so im Krimkriege, Kampf gegen die Entwickelung der russischen Eroberungsmacht, 1859, 1866 und 1870/71 Kampf für die Einigung zweier großer Völker handelte. Aber auch dem Mißbrauch des Krieges begegnen wir. Hätte Napoleon III. und Frankreich die Einigung Deutschlands sich ruhig vollziehen lassen, ohne uns zum Kriege herauszufordern, so wäre Elsaß-Lothringen noch heute französisch. Gleichzeitig mit dieser neuen Kriegsperiode beginnt nun eine neue Thätigkeit der Friedensfreunde. Gesellschaften für Förderung dieser Idee treten zusammen, Kongresse werden abgehalten, die Idee internationaler Schiedsgerichte taucht wieder auf. Das erneute Bild des Krieges facht in vielen menschenfreundlichen Seelen gleichzeitig den Wunsch an, das verursachte Elend ganz zu vermeiden.

Da nun seit 1848 überall in Europa das freie Versammlungsrecht und eine freie Presse — mit Ausnahme Rußlands und der Türkei — bestehen, so war es natürlich, daß in der Gegenwart die Bewegung ein ganz anderes Gesicht gewann wie zu Kants und Saint Pierres Zeiten, wo sie sich meist auf die Stille der Studirstube beschränkte.

Neben diesen Bestrebungen her liefen nun andere, denen man im Allgemeinen nur Zustimmung zollen kann. Man will durch Aufstellung und Annahme völkerrechtlicher Grundsätze, die Verwüstungen durch den Krieg möglichst einschränken, man will ferner durch Neutralisirung und zugleich Vermehrung der Anstalten für Kranke und Verwundete eine bessere Pflege und Heilung derselben herbeiführen. Die Genfer Konvention war das Ergebniß der letzteren Bestrebungen, und wie unrichtig es ist, gut durchdachte Vorschläge zurückzuweisen, wurde durch den Krieg 1866 bewiesen, vor welchem Oesterreich die Genfer Konvention nicht anerkannt hatte, infolge dessen die österreichischen Aerzte mit den geschlagenen Truppen zurückgingen, die preußischen allein die Arbeit nicht überwältigen konnten.

In Aufstellung von bindenden Sätzen für die Handhabung des Völkerrechts im Kriege haben sich indeß große Schwierigkeiten ergeben. Solche Bestimmungen sollen der Humanität im Kriege möglichst dienen, aber dürfen zugleich nicht die Energie der Befehlshaber, welche zur Erfüllung des Kriegszweckes durchaus nöthig ist, zu enge Fesseln anlegen. Weder der Petersburger Deklaration von 1868 noch dem Entwurf einer anderen Deklaration auf der Brüsseler Konferenz von 1874, weder durch das Handbuch des Institut du droit international, noch endlich durch Bluntschlis „Modernes Kriegsrecht" ist es gelungen, diesen Gegenstand zu kodifiziren.

Wir greifen eins von den zahlreichen Beispielen heraus. In der Brüsseler Konferenz wurde vorgeschlagen: Ist die occupatio bellicosa vollzogen, so ist die Bevölkerung verpflichtet, der fremden Autorität zu gehorchen, und muß ein Aufstand als Rebellion betrachtet werden.

Wann aber ist dieselbe als vollzogen zu betrachten? Wie viele Truppen gehören zu ihrem Vollzuge? Genügt es, wenn eine Patrouille von 6 Mann ein Dorf besetzt, oder müssen es 500 Mann sein?

An diesem einen Beispiel mag man die Schwierigkeiten der Aufstellung solcher Bestimmungen erkennen.

Diese Schwierigkeiten aber sind nichts im Vergleich zu den absoluten Hindernissen, welche sich bei Einrichtung von internationalen Schiedsgerichten und dem Vollzuge ihrer Sprüche ergeben würden. Lasker freilich hielt ihre Einsetzung 1881 für leicht. Mit der Einsetzung allein ist es aber nicht gethan. Moltke antwortete darauf mit dem Wort: „Der ewige Friede ist ein Traum und nicht einmal ein schöner, der Krieg ist ein Element in Gottes Ordnung" —, worauf wir noch zurückkommen.

Es ist nun keine Frage, daß der in der Einleitung schon erwähnte Zustand in Europa, welcher seit 1871 allmälig Platz griff, den Friedensmännern einen doppelten Grund gewährt, mit ihren Theorien auf der Bühne zu erscheinen.

Es handelt sich nicht nur, sagen dieselben, um die Bestrebungen für Abschaffung des Krieges, sondern vor Allem auch jetzt darum, den Zustand beispielloser Rüstung, unter dem Europa seufzt, zu beseitigen. — Es läßt sich nicht leugnen, daß diese Unterlage ihrer Forderungen ihnen sehr günstig ist, der Zustand der Waffenrüstung ein überaus angespannter genannt werden muß. — Indeß muß Folgendes hierbei erwogen und von der Summe der Klagen über diesen Zustand in Abrechnung gestellt werden. Die allgemeine Wehrpflicht und ihre Durchführung war von jeher eine Forderung der liberalen Parteien, neuerdings eine Forderung fast aller Parteien. Die radikale süddeutsche Volkspartei erstrebt die Einführung eines Milizsystems, die Sozialdemokraten wollen dasselbe und thun dies schon deshalb, weil sie gegen das jetzige militärische System opponiren müssen, welches ihren Umsturzplänen hinderlich ist. Die eigentlichen Friedensmänner sprechen sich hierüber nicht deutlich aus, und es giebt ja Viele unter ihnen, welche den Uebergang zum Milizsystem wenigstens in der Gegenwart für unthunlich erachten. Ihren Theorien folgend, müßten sie überhaupt jede militärische Beschäftigung verdammen. In manchen ihrer Schriften erklären sie die Einstellung der Jugend in das Heer für die Quelle alles Uebels. Eine rechte Uebereinstimmung scheint darin nicht zu herrschen.

Jeder große Staat, der in Europa zur Einführung eines Milizsystems schreiten würde, beginge einen Selbstmord und wäre aus der Reihe der Staaten gestrichen; dies ist so oft bewiesen worden, daß es Hunde nach Bautzen führen hieße, es nochmals zu beweisen. — Aber nicht nur der militärische Vortheil erheischt das stehende Heer mit Beurlaubtensystem, sondern auch geradezu die Menschlichkeit. Die Kriege, welche mit einem Milizsystem geführt werden, dauern viel länger als mit einer regelmäßigen Armee geführte. Der Bürgerkrieg in Nordamerika dauerte fünf Jahre, der von 1859 acht Wochen, der von 1866 vier Wochen, der von 1870/71 sieben Monate. Die Ausbildung der Mannschaften erheischt, ob man nun zwei-, drei- oder fünfjährige Dienstzeit hat, eine stehende Armee, in welche man die Ausgehobenen einreiht. Da nun die Anzahl derselben durch die allgemeine Wehrpflicht größer geworden ist, so wurde es natürlich nothwendig, überall auch die Rahmen, das stehende Heer, zu vergrößern. Ein ganz bedeutender Zuwachs der Heere erklärt sich also schon einfach aus dem System der allgemeinen Wehrpflicht. — Wie sich die Einwohnerzahl im Allgemeinen vermehrt, so müssen sich auch die Armeen vermehren.

Nun entwickeln sich aber Technik, Industrie und Handel in der Welt täglich umfassender und großartiger. Natürlich wird hierdurch auch die Entwickelung des Heerwesens beeinflußt. Wir haben schon vorhergehend gezeigt, wie die Anforderungen des Kriegswesens auf die Technik und Industie einwirken, aber dies geschieht auch rückwirkend. Alle militärischen Anstalten sind daher vergrößert, der Apparat ist vielseitiger, komplizirter geworden. Die ganze militärische Maschinerie ist im ähnlichen Verhältniß gewachsen wie die Fabriken, die Eisenbahnen, die Bergwerke sich vergrößert und vervielfacht haben.

Diese natürliche Vergrößerung der unter den Waffen stehenden Heere und der militärischen Anstalten muß man in den Kauf nehmen, aber man wird nicht in Abrede stellen können, daß ein hübscher Ueberschuß an Lasten übrig bleibt, welche man der politischen Lage zuschieben muß.

Die von 1871 bis jetzt erlassenen europäischen Wehrgesetze haben die Lasten in der Weise, wie wir dies in der Einleitung geschildert, vergrößert. Diese Gesetze griffen immer weiter in die Bevölkerung hinein durch eine vielfach auf Verkürzung der aktiven Dienstzeit beruhende Vergrößerung der Aushebung, deren Folge wieder eine Vermehrung der Cadres sein mußte.*) Dabei wurde die Dienstverpflichtung nicht abgekürzt, sondern im Gegentheil — in Frankreich bis auf 25 Jahre verlängert. Nebenher liefen fortwährende Verbesserungen in der Waffentechnik, welche bedeutende Summen erforderten. So wurde überall sowohl die Finanzkraft der Staaten als auch die Gestellungskraft höher angespannt, welche letztere im Uebrigen gerade in Deutschland, in Anbetracht der europäischen Lage, noch lange nicht den zulässigen und nöthigen Höhepunkt erreicht hat.**) — In Preußen hatte man durch die Reorganisation von 1860 die Dienstverpflichtung von 19 auf 12 Jahre heruntergesetzt. Die politische Lage zwang uns 1887, sie in Deutschland einschl. Landsturm auf 24 Jahre zu erhöhen.

Wo liegt der Quell aller dieser Lasten, über die man sich so bitter beklagt, und welche die Friedensmänner jetzt neben der Un-

---

*) Frankreich setzte die aktive Dienstzeit von 5 auf 3 Jahre, bezw. in der deuxième portion auf 1 Jahr herab.
**) Vergleiche meine Schrift „Die Nothwendigkeit der zweijährigen Dienstzeit." Berlin, Fr. Luckhardt.

menschlichkeit und Verworfenheit des Krieges als zweites Argument für ihre Theorien anführen?

Die Ursache dieses Kriegszustandes im Frieden kann man gerechter Weise nur in Frankreich finden. Auch Rußland würde kaum daran denken, seine Pläne im Orient mit Waffengewalt gegen halb Europa durchzusetzen, wenn Frankreich sich nicht zum Diener Rußlands erniedrigt hätte und zu allen guten Diensten, seine früheren Ueberlieferungen vergessend, erbötig wäre.

Diejenigen, welche in Nationalhaß oder Parteiwuth die Uebel der jetzigen Zeit auf Preußen-Deutschland und den großen ehemaligen Leiter seiner Politik schieben, drehen den Spieß vollständig um. Deutschland hatte dasselbe Recht, ein großes Reich, eine einige Nation zu werden wie Frankreich, England, Rußland. In seinem Beginnen durch Frankreich aufgehalten und herausgefordert, schlug es Frankreich nieder, und die öffentliche Stimme Deutschlands — mit alleiniger Ausnahme einiger Chefs der damals noch winzigen sozialistischen Partei — verlangte die Rücknahme des uns größtentheils durch Verrath und Ueberfall genommenen Landes. — Die Stimmung des deutschen Volkes war derartig, daß an eine Unterlassung der Annexion überhaupt gar nicht zu denken war.

Gutmüthige Leute anderer Nationen sagten mir einst: „Straßburg — gut! Aber Metz, das war zu viel." — Glaubt man denn, daß die Sache jetzt anders stehen würde, wenn wir nur das Elsaß, nicht Metz genommen hätten? Es wird wohl Niemand mit gutem Gewissen Ja sagen wollen. — Aber Frankreich hat dies Gericht durch den Krieg nicht anerkennen wollen, und der Friede von Frankfurt ist für diese Nation nur ein Waffenstillstand.

Die alsbald nach Räumung Frankreichs durch die Deutschen begonnenen Rüstungen zeigten durch das Gesetz von 1874 schon an, welche Absichten man hegte, denn die Armee, welche Frankreich durch dasselbe aufstellen konnte, mußte schon bedeutend größer werden als die Deutschlands. Von diesem Moment an beginnt der Wettlauf, welcher uns schließlich zu einer enormen Steigerung der Rüstungen geführt und bis jetzt das Ergebniß gehabt hat, daß uns Frankreich an ausgebildeten Soldaten bedeutend überlegen ist.

Wir wissen nichts Genaues aus der geheimen Geschichte des Jahres 1875, und ob der Gedanke, Frankreich zuvorzukommen und es unschädlich zu machen, ernstlich erwogen worden ist, wie man insbesondere auf französischer Seite behauptet hat.

Indeß Kaiser Wilhelm I. und Fürst Bismarck entschieden sich, ganz wie 1867 in der Luxemburger Angelegenheit, einen Krieg nicht ohne dringendste Nothwendigkeit zu führen.

Eine weitere Betrachtung hierüber paßt nicht in den Rahmen dieses Buches. Die politischen Thatsachen, welche seitdem an die Oeffentlichkeit getreten, sind bekannt.

Wenn man aber dem Gedanken, daß Deutschland es vermied, die noch vorhandene militärische Schwäche seiner Gegner 1875 und noch zu anderen Zeitpunkten auszubeuten, obgleich dies mit Wahrscheinlichkeit geschehen konnte, Raum giebt und wenn in diesem Gedanken mit der ungeheueren Mehrzahl in Europa doch wohl auch die Friedensmänner einig sind, so bleibt nichts übrig als die Kosten dieses Friedens eben zu tragen.

Es hätte nur ein einziges Mittel gegeben, diesen Zustand zu vermeiden, das nämlich: wenn ganz Europa seine Stimme erhoben hätte, um Frankreich ein entschiedenes Silentium zu gebieten. Aber davon waren die Mächte weit entfernt. Im Gegentheil fand Frankreich in Rußland und in einem Theil der slavischen Nationen Freunde, welche zwar sich das Oeffnen des Janustempels selbst vorbehalten haben, wobei indeß die Ermuthigung Frankreichs nicht ausbleiben konnte.

Die sich nach dem Berliner Kongreß in Rußland, ohne jeden reellen Grund — denn Bismarck war in der That der „ehrliche Makler" gewesen — sich zeigende und immer mehr verstärkende feindselige Stimmung gegen Deutschland führte in ihren Folgen zum Dreibunde. Derselbe wird häufig auch als Friedensbund bezeichnet. Es fehlt ihm aber jene grundsätzliche Unterlage, wie sie bei der heiligen Alliance für nöthig erachtet wurde. Er ist ein Werk praktischer Staatskunst, gestiftet zu dem Zweck, die Stellung der drei Mächte gegen jeden Angriff zu sichern, das Errungene festzuhalten. Nur durch ihn wurde der Frieden so lange erhalten, und zwar weil seine Leiter sich bewußt blieben, daß die ultima ratio entsprechendenfalls voll und ganz angewendet werden würde. — Die weitere Steigerung der Rüstungen vermochte er nicht aufzuhalten.

In dieser Lage nun rathen die Friedensmänner zur Einsetzung von internationalen Schiedsgerichten und zur Entwaffnung und haben eine vermehrte Agitation dafür in die Wege geleitet.

Sie erklären, die früheren Versuche seien gescheitert, weil eine breite Unterlage, die Volksagitation, gefehlt habe. Diese früheren Versuche bestehen aber nicht nur in den erschienenen Schriften, sondern in den abgehaltenen Friedenskongressen und in verschiedenen Versuchen, welche 1887 im französischen und englischen Parlament gemacht wurden, aber eine ganz bestimmte Abweisung erfuhren. Aehnliches geschah in der italienischen Volksvertretung 1890. 1891 aber trat in Rom eine Konferenz von Abgeordneten aus europäischen Parlamenten zusammen, denen sich ein Friedenskongreß anschloß.

Man will nun das Werk mit erneuter Kraft angreifen, die aufgestellten Theorien durch die Presse weiter verbreiten, wo möglich eine umfassende Volksbewegung ins Leben rufen, geeignet, auf Parlamente und Regierungen Einfluß zu gewinnen.

Heben wir kurz einige Momente der Friedensversammlungen in Rom hervor.

In dem römischen Ausschuß des Friedenskongresses präsidirte der Parlamentarier Bonghi. Derselbe rührte in einem italienischen Blatte eine „elsaß-lothringische Frage" in einer jeden Deutschen verletzenden Weise auf. — Der deutsch-freisinnige Abgeordnete Barth, welcher an der parlamentarischen Konferenz theilnehmen wollte, wies in einem Schreiben an den Sekretär des römischen Ausschusses darauf hin, daß die Nichtberührung einer „elsaß-lothringischen Frage" Voraussetzung der Betheiligung an der Konferenz sei. Er erhielt darauf ein zustimmendes Schreiben von dem Sekretär, und infolge dessen erschienen die deutschen Abgeordneten, welche die Absicht gehabt hatten, nach Rom zu gehen, auch auf der Konferenz, obgleich Herr Bonghi in einem offenen Briefe sich abermals in demselben Sinne über Elsaß-Lothringen ausließ. — Nur der Elsässer Dr. Hoeffel schloß sich sehr richtiger Weise von dem Erscheinen aus.

In der ersten Sitzung des Kongresses erklärte der italienische Abgeordnete Imbriani, die Vorbedingung für den Frieden der Welt sei die Wiederherstellung der „natürlichen Grenzen" Frankreichs und Italiens. Wenn nun auch später die Politik aus den Verhandlungen verbannt wurde, so sind diese Vorgänge immerhin bezeichnend für den Geist der in manchen Mitgliedern dieser Versammlungen lebte, was sich auch schon in früheren Kongressen zu Genf und London gezeigt hatte.

Es tritt immer die Absicht hervor, das Deutschland Kaiser Wilhelms I. und Bismarcks als den eigentlichen Feind und Friedensstörer darzustellen und zu verdächtigen. Während der letzten italienischen Ministerkrisen führte auch Imbriani im Parlament das große

Wort, und wir sehen hier also einen der Friedensmänner die Verminderung des italienischen Heeres befürworten und zugleich den Dreibund bekämpfen, der doch einzig und allein den Frieden bisher bewahrt hat.

Der oben erwähnte Bonghi, ein Mann von sehr schwankender politischer Vergangenheit, der so viele Artikel schreibt, daß er nicht mehr genau weiß, was er in dem einen und in dem anderen behauptet hat, hielt auch die Eröffnungs- und Schlußrede, spielte also keineswegs eine unbedeutende Rolle in dieser Versammlung.

Dieselbe brachte denn auch die Beschlüsse zu Stande, die gewöhnlich dort gefaßt werden, nur eben mit verstärktem Hinweise auf die erwünschte Volksbewegung.

Frau Baronin Bertha v. Suttner war auch auf diesem Kongreß. Dieselbe hat sich, nachdem sie schon früher einen Roman „Die Waffen nieder" und andere Schriften zur Beförderung der Friedensidee veröffentlicht hatte, in die erste Linie der „Friedensbewegung" gestellt und nun eine Monatsschrift „Die Waffen nieder" gegründet, deren erstes Heft in Wien und in Berlin erschienen ist. Die Frau Baronin hebt besonders in einem schwungvoll geschriebenen Eingangsartikel über die römischen Versammlungen die Verdienste Bonghis um die Friedensidee hervor, wünscht ein Zusammenarbeiten der „Konferenz" und des „Kongresses" und freut sich über die zu Ehren der Friedensfreunde in Rom und Neapel veranstalteten Feste, das Flaggenwehen, die Musikbanden, die Zuvorkommenheit der Bewohner. — Ja, warum hätten diese denn unfreundlich gegen die fremden Gäste sein sollen, von welchen man immerhin sagen muß, daß sie jedenfalls in humaner Absicht kamen? Frau Baronin v. Suttner kann sich aber versichert halten, daß dieselbe Bevölkerung viel lauter Evviva gerufen und viel begeisterter sich geberdet hätte, wenn die Nachricht eines Sieges einer italienischen Armee über einen auswärtigen Feind eingetroffen wäre. Die Frau Baronin ruft zuletzt ein dreimaliges „Wehe" über diejenigen aus, welche den Ideen der Friedensmänner nicht zustimmen, wie denn überhaupt das Pathos in den meisten Schriften der letzteren nicht gespart wird.

Betrachten wir nun an der Hand der neuesten literarischen Erzeugnisse die Ideen und Bestrebungen der Friedensmänner, soweit dies nicht schon in den vorhergehenden Kapiteln geschehen ist.

Da wäre nun der schon von Kant und Saint Pierre empfohlene Friedensbund der Staaten Europas. Derselbe ist von den eigentlichen Friedensaposteln allerdings neuerdings nicht hervorgesucht, vielleicht weil ein solcher Bund, angesichts der politischen Lage Europas, welche diesen Welttheil augenblicklich in zwei Waffenlager spaltet, doch zu absurd erschiene.

Die Konsequenz der Gedanken der Sozialdemokratie und auch der Friedensmänner führt aber zu einem solchen theoretischen Werke hin, und daher wollen wir ihm auch einige Worte widmen, um so mehr, als sich die Lage ja auch einmal ändern kann.

Die Idee, welche man dabei mit einigem Anscheine gesunder Logik verfolgen kann, und welcher sogar Männer anhängen, welche selbst den Degen getragen und aus Kreisen stammen, welche an kriegerischer Gesinnung und Liebe zum Waffenberufe hervorragen, ist folgende.

Im Mittelalter galt das Fehde- oder Faustrecht. Dasselbe wurde allmälig unterdrückt. Kriege kleinerer Staaten untereinander verschwanden in Deutschland und Italien, den beiden klassischen Ländern für diese, ebenfalls nach und nach.

Wie nun zuerst in Frankreich und England, in diesem Jahrhundert in Deutschland und Italien, mächtige Staaten entstanden, deren Bürger untereinander Ruhe halten sollen, so kann sich dies auch allmälig vorläufig in Europa, später vielleicht auf der ganzen Welt vollziehen.

Die letzte Idee werden uns auch die fanatischsten Friedensapostel wohl gestatten, außer Spiel zu lassen; bleiben wir also bei einem europäischen Friedensbunde oder einer vereinigten Staatenrepublik Europa. — Zuerst ist zu bemerken, daß in England und Frankreich, auch nachdem sie einheitliche Staaten geworden waren, viele Bürgerkriege stattfanden.

Und wer bürgt denn dafür, daß nicht die ewig ändernde und treibende Naturkraft jenes asiatische Volk von 400 Millionen aus einer tausendjährigen Erstarrung weckt, um sie zu einem selbstthätigen und kriegerischen, erobernden Staate umzuschaffen?

Wer bürgt dafür, daß nicht vitale Interessen einen Zusammenstoß mit Amerika herbeiführen?

Endlich wer vermag einen Kampf innerhalb dieser Staatengruppe zu vermeiden?

Hat der deutsche Bundesvertrag den Ausbruch des Krieges von 1866 gehindert? Eine Anzahl deutscher Staaten faßte, ohne die bundesgesetzlichen Bestimmungen auf Exekution zu beachten, den

Beschluß, gegen Preußen mobil zu machen. Preußen trat infolge dessen aus dem Bunde aus, und der Krieg begann.

Die Schweiz sah 1847 den Sonderbundskrieg.

Die Vereinigten Staaten von Nordamerika erlebten 1861 bis 1865 einen blutigen Bürgerkrieg. Wie finden sich nun die Organe der Friedensmänner mit diesen Thatsachen ab? 1866 war ein Teufelswerk Bismarcks, und der blutige, vier Jahre wüthende Bürgerkrieg in Amerika war — nur „eine gesetzliche Exekution gegen den bundesbrüchigen Süden". So zu lesen auf Seite 11 des ersten Heftes der Zeitschrift „Die Waffen nieder".

Glaubt man denn wirklich, indem man dem Kriege das Mäntelchen einer „gesetzlichen Exekution" umhängt, ihn verstecken zu können? Dazu ist er denn doch zu riesenhaft und gewaltig. Diese „gesetzmäßige Exekution" war ein Krieg, der mehr an Menschen gekostet hat als die Kriege in Europa seit 1859 zusammengenommen. Der Süden glaubte sich eben auch im Recht, griff zu den Waffen, und der Kampf war da, und so wird es immer und immer wieder gehen —, da die menschliche Natur sich nicht ändern kann. Wir können uns mäßigen durch das Licht der Vernunft, wir können andere Sitten annehmen, aber wir können die Grundbedingungen unseres Daseins nicht ändern, und diese werden uns stets wieder zum Kampfe führen.

Die Schiedsgerichte sind es, welche von den Friedensmännern jetzt hauptsächlich betont werden —, das internationale Schiedsgericht soll das Mittel sein, welches der Welt den ewigen Frieden verschafft. Die Regierungen sollen durch den Druck der ihrerseits von einer Volksbewegung getriebenen Parlamente endlich dazu veranlaßt werden, dieser Frage näher zu treten.

„Es war eine der größten Unterlassungssünden des Fürsten Bismarck", liest man in einer Friedensschrift, „daß er nie daran gedacht hat, der Abrüstungsfrage und der Einführung der internationalen Schiedsgerichte irgendwie näher zu treten. . . Das wäre wirklich eine geniale, große That gewesen; leider aber fehlten bei aller Energie und eminenten Klugheit dem staatsmännischen Wirken des Erreichskanzlers die schöpferischen Ideen des Genies."*)

Beklagenswerther Mann, dieser Bismarck ohne Genie! Mit diesem Ausspruche des „Menschen" bist Du, o Bismarck, in eine

---

*) „Wie man den Krieg abschafft." Von einem Menschen. S. 39.

böse Klemme gerathen! Freilich hätteft Du den Franzosen die Errichtung eines Schiedsgerichtes vorschlagen sollen —, und nun, da Du es nicht gethan hast, bist Du dem Urtheil des „Menschen" verfallen!

Die Schiedsgerichtssprüche haben in unbedeutenden Streitfragen in der That einige Erfolge aufzuweisen gehabt. So z. B. in der Alabama-Sache und in der Karolinen-Angelegenheit. Auch in der älteren Geschichte finden sich einige Beispiele hiervon. Sie können dies in konkreten Fällen auch fernerhin thun, wenn man, wie es bisher eben geschah, die Entscheidung der Sache einem Souverän oder ersten Beamten einer Republik überweist. Dies ist jedoch ganz etwas Anderes, als die Sache einem, aus Abgesandten verschiedener Nationen gebildeten Schiedsgericht, zu übergeben, wie die Friedensmänner es wollen. Man gedenkt hier, Grundsätze und Formen des gemeinen Rechts auf das Verhältniß unabhängiger Staaten zu einander zu übertragen, was eine Unmöglichkeit ist, eben wegen ihrer Unabhängigkeit voneinander. Gesetzt aber auch, sie gäben einen Theil ihrer Unabhängigkeit auf, indem sie versprächen, die Entscheidungen des Schiedsgerichts respektiren zu wollen, so würde doch jeder Staat — eben weil gesonderte und entgegenstehende Interessen vorhanden sind — bestrebt sein, die eigenen Interessen bei dem Schiedsgericht möglichst wahrzunehmen. Die zum Schiedsgericht Abgesandten sind doch Bürger jener Staaten, welche im Konflikt liegen, und zwischen denen der Ausbruch eines Krieges verhindert werden soll. Unabänderlich dürfte es daher sein, daß sich Gruppen im Schiedsgericht selbst bilden entweder nach Prinzipien, nach Nationalitäten oder nach materiellen Vortheilen der Staaten.

Die Gegensätze würden ganz ebenso, ja sogar in schrofferer Weise hervortreten als in einer diplomatischen Konferenz, wie sie zur Berathung oder Entscheidung einer Streitfrage so oft berufen worden ist; denn, während bei einer solchen ein Entscheidungsmachtspruch ja nicht gefällt werden kann, und jeder Staat in seinem Thun und Lassen frei bleibt, läge die Sache bei einem Schiedsgericht anders. Dessen Entscheidung wäre endgültig, es steht also bei derselben viel mehr für den einzelnen Staat auf dem Spiel als bei einer diplomatischen Konferenz. Die aus Abgesandten verschiedener Nationen zusammengesetzten Schiedsgerichte stellen also nicht einen wahrhaft über den Parteien stehenden Gerichtshof wie im bürgerlichen Leben dar, sondern eine aus den Parteien selbst zusammengewürfelte Versammlung, welche, wenn auch der Sache der Friedensidee und den ihnen übertragenen Pflichten auf's Aeußerste ergeben, doch immerhin in erster Linie Bürger ihres Staates bleiben. Diese Gegensätze würden selbst in nicht sehr wichtigen Angelegenheiten hervortreten, wie viel mehr würde dies aber in Fragen der Fall sein, wo es sich um Lebensinteressen der Völker und um weltbewegende Prinzipien handelt.

Kommen solche in's Spiel und glaubt eine Nation, dies oder jenes zu ihrem Wohl absolut durchsetzen zu müssen, so wird sich bei einem Schiedsgericht ganz dieselbe Situation ergeben, wie sie sich bei der Bundesversammlung 1847 in der Schweiz, 1861 zu Washington und 1866 zu Frankfurt am Main ergab. Die Minderheit wird sich eben nicht fügen, und dann ist der Krieg erst recht unvermeidlich, während er nach dem Scheitern einer diplomatischen Konferenz recht wohl noch vermieden werden kann. Denn die Aufstellung eines Schiedsgerichtes hätte keinen Sinn, wenn nicht zugleich gegen den Widersetzlichen ein Zwang ausgeübt werden könnte. Somit würde in den meisten Fällen der Krieg sicherer aus einem Schiedsgericht hervorgehen als aus einem diplomatischen Kongreß.

Dieser ganzen Idee internationaler Schiedsgerichte liegt eine Verwechselung der Art der Streitfälle, wie sie im bürgerlichen Leben vorkommen, mit der Gattung von Zwistigkeiten zu Grunde, wie sie sich unter Staaten herausstellen. Die erste Gattung kann nach gewissen Rechtsgrundsätzen entschieden werden, denn sie setzen auf der einen oder anderen Seite eine Alterirung bestehenden Rechtes voraus, ein internationales Recht in diesem Sinne besteht aber nicht und kann nie eingeführt werden. Denn die Streitfälle unter Staaten sind nicht nur einfache Vertragsverletzungen, Einmischungen in die Territorialverhältnisse oder die souveräne Macht eines anderen Reiches, sondern sie gehen in vielen Fällen aus dem Auftreten ganz neuer Prinzipien, neuer Erscheinungen des internationalen Lebens hervor, für deren ethische Berechtigung oder Nichtberechtigung Präzedenzfälle nicht sprechen, und die noch weniger von irgend einem Standpunkt des sogenannten Völkerrechts beurtheilt werden können.

Das Auftreten neuer politischer, sozialer und religiöser Grundsätze kann Bewegungen und internationale Reibungen hervorrufen, für deren Beurtheilung jeder Anhalt fehlt.

In einer der neuesten Friedensschriften ist sogar die seltsame

Idee eines ständigen Schiedsgerichtes und eines internationalen Gesetzbuches, nach dem die Streitfälle zu beurtheilen wären, ausgesprochen. Schon gänzlich unmöglich erschiene es, einen Kodex für die rein materiellen, vorhin zuerst erwähnten Streitfälle — Eingriffe in fremdes Gebiet u. s. w. — welche in zahlloser Menge und Eigenartigkeit vorkommen können, aufzustellen; wie aber für die Zwistigkeiten, welche sich aus den letzterwähnten Ursachen — Auftreten neuer Prinzipien u. s. w. — ergeben?

Ein solches Schiedsgericht, welches seinen Zweck, die Austragung jeder Streitigkeit, jeder neuen Bewegung prinzipiellen Charakters durch Waffengewalt zu hindern, wirklich nachkäme, würde eine Stillstands- und Verknöcherungsinstitution ohne Gleichen sein und würde nicht den erträumten goldenen, sondern einen chinesischen Zustand herbeiführen, der schließlich in Erschlaffung, Zerrüttung oder einer blutigen Umwälzung enden würde.

Dies die Gründe gegen jedes internationale Schiedsgericht, welche natürlich auch nach der Waffenentscheidung, welche Europa früher oder später bevorsteht, ihre Richtigkeit behalten würden. — Im jetzigen Moment nun würde der Vorschlag eines solchen Gerichts von dem auf Revanche sinnenden Frankreich und dem auf Vergrößerung seines Machtbereiches bedachten Rußland niemals gemacht, ein solcher von Deutschland, Oesterreich oder Italien eingebracht, als Aeußerung der Furcht aufgefaßt und kühl und kurz von erstgenannten Mächten zurückgewiesen werden.

Die oben auseinandergesetzte Lage, welche ihren ersten und hauptsächlichsten Grund in dem Revanchegelüst Frankreichs hat, macht das Verlangen nach einer Abrüstung geradezu absurd.

Eine einzelne Abrüstung wäre ein Akt der Unvernunft, den doch wohl auch die Friedensmänner nicht billigen werden. Sie erstreben denn auch die gleichzeitige Abrüstung durch einen Vertrag der Staaten. Eine Anzahl derselben sieht in der That in der ganzen Richtung wohl mehr das Streben nach einem „Ideal" fernster Zukunft.

Was nun die verlangte Volksbewegung für die Friedensidee anbelangt, so schwebt dies Mittel ganz ebenso in der Luft wie die gesteckten Ziele. Gesetzt selbst, dergleichen ließe sich in den konstitutionell und republikanisch regierten Staaten in's Leben rufen, wie steht es denn mit Rußland? Dort besteht weder ein Parlament noch sind Volksbewegungen geduldet, sondern die Wünsche nach

diesen Dingen werden eben einfach mit einem auf dem Verwaltungs=
wege verhängten Transport nach Sibirien beantwortet.

Es hat uns also wenig Zeit und Mühe gekostet, die praktische
Unmöglichkeit darzulegen, zur Verwirklichung jener Ideen in der
Gegenwart auch nur einen Versuch zu machen, und erübrigt uns
nur noch, einen Blick auf die Art und Weise zu werfen, wie die
Friedensapostel kämpfen.

Aus dem ganzen Ton unserer Schrift wird zu ersehen sein,
daß wir die Begeisterung und das tiefe Gefühl für ihre Sache in
vielen derselben nicht verkennen.

Freilich wünschten wir gleicherweise von den Gegnern anerkannt
zu sehen, daß auch bei uns wahre Ueberzeugung und Nachdenken,
nicht eine Gesinnung zu finden ist, welche Gefallen an der Zerstörung um der Zerstörung willen findet.

Die Kampf- und Ausdrucksweise aber der Friedensmänner,
zum mindesten ihrer im Vordergrund stehenden Presse, ist meist
nicht geeignet, die Erörterung in richtigen Schranken zu halten.
Stets ist das Bewußtsein erkennbar, daß sie auf der Höhe der
geistigen Erkenntniß ständen, ihre Gegner im dunklen Thale
wandelten.

Daß sie sich die Ausdrucksweise der Sozialdemokratie vielfach
angeeignet haben, wenn sie vom Kriege und den Kriegsmännern
sprechen, muß Erbitterung erzeugen. Oft kommt ein alter thörichter
und ungegründeter Haß gegen die Soldaten und ihre angebliche
Ueberhebung zum Vorschein, der sich immer wieder auf das deutsche
Offizierkorps im Speziellen zuspitzt. Die kriegerischen Eigenschaften
werden heruntergesetzt, ihnen sogar aller Werth abgesprochen.

So findet sich in der mehrfach erwähnten Schrift „Wie man
den Krieg abschafft" etwa Folgendes: Der Muth ist „völlig werth-
los, ja sogar verachtenswerth und niederträchtig".

Er kann nur von Werth sein, wenn man das Bewußtsein hat,
etwas aufs Spiel zu setzen. Ein russischer oder türkischer Soldat,
Offizier oder General stürzt sich aus „Mordtrieb oder bestialischer
Gewohnheit" wie eine „Bulldogge" auf den Feind.

„Ein Bewußtsein, daß er sein Leben einsetzt, ist bei ihm entweder gar nicht oder in sehr geringem Grade vorhanden. — Hat
ein bewußtloser Türke oder ein abgestumpfter Russe Muth, so hat
auch eine Lokomotive Muth, die auf eine andere Lokomotive rennt
und in Stücke springt."

So geht es noch eine ganze Weile fort, und der „Mensch", der hier seine Nebenmenschen, die Russen und Türken, so ungemein liebevoll beurtheilt, kommt zu dem Resultat, „daß der gepriesene Muth der Soldaten, Ritter, Raufbolde u. s. w. in den meisten Fällen gar keinen Werth hat, weil er mit keinem sittlichen Entschluß oder keiner Gefahrenberechnung verbunden ist".

Wir verweisen hierüber auf das von uns auf Seite 11, 12 Gesagte.

Wenn der scharfe, zischende Ton der Kugeln das Ohr berührt, dann weiß Jeder, auch der „abgestumpfte" Russe oder Türke, daß es sich um Sein oder Nichtsein handelt, und der „Mensch," der es besser wissen will, hat eben keine Ahnung von der menschlichen Natur und ihrer Eigenart. So aber spricht ein Friedensfreund von dem Muth, der edelsten Eigenschaft des Menschen, der Ueberwindung der Schwäche, um sein Leben zu opfern für die Brüder und sein Land.

Ein ferneres Mittel der Friedensmänner ist die Uebertreibung der Wirkung der heutigen Zerstörungsmittel, der Greuel des Krieges überhaupt. Der „Mensch" giebt auch in seinem Buche eine der oben angeführten Sätze über den Muth würdige Beschreibung davon. Das Graulichmachen wird ins Großartigste betrieben, zu dem herrlichen Zweck, den Muth der eigenen Landeskinder möglichst herabzuschrauben.

Die gegenseitige Vernichtung, führt jene Schrift aus, würde so groß sein, daß „die Sanitätskorps nahezu so stark sein müßten wie das streitende Heer selbst".

Jeder in den Krieg ziehende Mensch wäre eigentlich ein todter Mann.

Nein, so wird es nicht sein, das können wir Leute, die dabei gewesen sind, auch schon nach den letzten Kriegen beurtheilen. Jedes noch so gefährliche Kriegsmittel hat, wie die Kriegsgeschichte beweist, noch immer ein Gegenmittel gefunden, welches die Wirkung des ersten abschwächte.

Gegen die so furchtbar geschilderten Landminen wird man mehr Vorsicht gebrauchen, und andere technische Mittel werden uns helfen, sie zu entdecken. Im Uebrigen wurde schon vor zwei Jahrhunderten von den Minen ein so ungeheurer Gebrauch gemacht, wie wir ihn schwerlich jetzt sehen werden. Bei der Belagerung von Candia ließen beide Parteien im Jahre 1667 allein vom 22. März bis 18. November 618 Minen springen; in demselben Zeitraum gaben die Türken nicht weniger als 32 Stürme. Aber weder Minen noch Stürme vermochten die tapfere venetianische Besatzung unter Morosini zu erschüttern, welche, eine Handvoll Männer, diese Festung zwei lange Jahre vertheidigte. Am Ende der Belagerung waren 1364 Minen aufgeflogen. Ehre diesen Helden, und wir sollten die Minen fürchten?

Die neuen Schußwaffen werden zur Folge haben, daß man sich weiter vom Leibe bleibt. Die Schlachten werden dadurch unlenksamer werden, das wird ein betrübendes Ergebniß sein, aber sie werden nicht blutiger werden. Der Fortschritt vom Feuersteingewehr bis zum Chassepot ist ein viel größerer als vom Chassepot zum neuesten Repetirgewehr. Die Schlachten von 1870—71 sind aber im Durchschnitt nicht blutiger als die des siebenjährigen Krieges, ja sogar des Befreiungskrieges, wie wir erst kürzlich genau nachgewiesen haben.

Nur an einzelnen Brennpunkten des Angriffes sind die Verluste in kurzer Zeit für einzelne Korps größer gewesen als in vergangenen Zeiten. Aehnlich wird es auch in Zukunft sein. Den unwürdigen Angstschilderungen fehlt die thatsächliche Unterlage.

Die Monatsschrift „Die Waffen nieder" arbeitet im ersten Heft in ähnlicher Weise. — Es wird ein „Phantasiebild vom Schlachtfelde" vorgeführt. Da liegt ein Soldat in einem nassen Graben; rechts und links von ihm werden Leute erschossen, er ist müde und hungrig — das ist Alles schwer, aber die Memmenhaftigkeit, mit welcher dieser Soldat ausgestattet ist, habe ich, Gott sei Dank, nie im Kriege gesehen, und er hätte den Tritt, den ihm sein Feldwebel ins Genick giebt — im Kriege habe ich übrigens nie einen Soldaten schlagen sehen — sehr wohl verdient, der ehrlose Feigling dieses Phantasiebildes. Dasselbe schließt mit den Ausrufen: „Scheußliches Muß — gewaltsamer Mord — Marie!!!! Weh! Oh! Warum, o weh! Warum, Wa————!"

Man weiß nicht genau, ob die Kanaille todt oder nur ohnmächtig ist, jedenfalls muß man fragen: Sind das Mittel, einer ernst verfochtenen Sache würdig?

Solche Bilder werden bei unserem heldenhaften Volke nur ein Lächeln hervorrufen können.

Diesem Bilde folgt ein Brief aus Paris, in dem die Redaktion des Blattes ermahnt wird, unverdrossen weiter zu schreiben und zu reden gegen die Kriegsgreuel. „Semper aliquid haeret, und allmälig werden wir die Regierungen und Völker doch von Barbaren zu Menschen belehren." — Es ist schade, daß der Briefverfasser den Anfang des treffenden lateinischen Wortes ausgelassen hat. Derselbe lautet bekanntlich: „Calumniari audacter — semper aliquid haeret."

Eine weitere recht vielsagende Aeußerung ist der folgende Brief:
„Nur die Bestie im Menschen kann den Krieg wollen....
.... Wer aber in der Presse zum Kriege hetzt und dem Massenmorde das Wort redet, den stelle man wie einen gemeinen Bravo und Todtschläger vor Gericht!"

Und durch diese Aeußerungen will man den Frieden stiften und herbeiführen!

Diese Dinge ruhig hinzunehmen und ihren Gang gehen zu lassen, war nicht mehr an der Zeit.

Die Zeitschrift „Die Waffen nieder" hat eine Stelle den Vertheidigern des Krieges offen gehalten. Da schreibt nun ein Mann einige ganz vernünftige Worte an eine Dame, die Verfasserin des „Kanonenfutter" — wir kennen dieses Werk nicht.

Wie nun behandelt die Redaktion den Briefschreiber an jener der „unparteiischen" Erörterung gewidmeten Stelle?

Indem sie eine Menge Fragezeichen und die Bemerkung „Zuchthäuser" in Bezug auf die stehenden Heere einschiebt, sodann in einer Anmerkung das Schreiben als alte, längst widerlegte Schlagworte bezeichnet.

Frau Baronin v. Suttner aus Oesterreich ist zu uns nach Berlin gekommen und hat dann das erste Heft ihrer Zeitschrift herausgegeben und zwar unter „Berlin und Wien".

Da wird denn eine Geschichte über Kriegslasten, in Böhmen 1866 spielend, gebracht, in welcher eine preußische Intendantur als eine unverständige Behörde ihrer „überspannten" Forderungen wegen geschildert wird, und man von dem „Raube, der Plünderung" und anderen Gewaltthaten der preußischen Soldaten in der Umgegend von Trautenau spricht.

Selbst wenn sich einzelne Ausschreitungen von preußischen Mannschaften dort ereignet haben sollten, so war die Disziplin der preußischen Armee im Allgemeinen eine musterhafte. Glaubt nun die Redaktion, daß wir schon in Preußen so weit alles Patriotismus baar sind, um solche Erzählungen — insbesondere angesichts des deutsch-österreichischen Bündnisses — nicht übel zu vermerken, und glaubt sie, damit den Interessen der Friedensidee besonders zu dienen?

Bemerkenswerth ist ferner ein Aufsatz über die „internationale Erziehungsarbeit" in demselben Blatte. — Verfasser erklärt, eine Generation könne nicht mit einem Schlage neu gebildet werden. Um den stolzen Bau des Friedenswerkes zu vollenden, dazu gehöre Zeit. Zu diesem Zweck soll dienen die „internationale Erziehungsarbeit". „Sie soll darauf hinwirken, daß die Volksschule das werde, was sie sein muß: die Pflanzstätte einer auf den Punkt der Vollkommenheit gebrachten Kultur, die keine Grenzpfähle kennt." In diesem Sinne wirkt schon seit längerer Zeit ein Herr Mollenbuer, welcher in fast allen Ländern Anhänger für diese Idee wirbt. Die Einsetzung eines bleibenden internationalen Erziehungsrathes gehört auch zu diesem Programm. Ein Beschluß des Kongresses zu Rom vertritt ebenfalls diese Ideen.

Was die Predigt der allgemeinen Menschenliebe anlangt, so wird dieser durch einen passenden Religionsunterricht Genüge geleistet. — Den Volksschülern die Grundsätze der Schiedsgerichte u. s. w. des ewigen Friedens zu lehren und — nun, die Leute, welche solche Begriffe von einer Volksschule haben, die kann man ruhig mit ihren Grundsätzen sich selbst überlassen. An unserer Volksschule ist noch viel zu verbessern, und in Preußen wurde eben ein guter Kampf gekämpft, damit sie weder von irgend welcher Hierarchie beherrscht noch in „freien Schulen" irgend welcher Sorte von Internationalismus verfalle, nenne er sich ultramontan oder sozialdemokratisch. Aber das Hemd ist uns näher als der Rock, und da wollen wir denn der Jugend des Volkes neben praktischen Kenntnissen und einer gesunden Moral vor Allem die Liebe zum Vaterlande beibringen, sie zu guten Bürgern und guten Vertheidigern desselben erziehen, nicht sie mit einem weltbürgerlichen Brei vollstopfen, von dem sie einen verdorbenen Magen mit nach Hause nehmen würde.

„Das Kriterium der Civilisation" betitelt sich ein anderer Artikel des Suttnerschen Blattes, dessen klare Schreibweise wir gern einer anderen Sache dienen sähen.

Derselbe erklärt für den wahren Gradmesser der Civilisation die Freiheit, nämlich die Freiheit, vor jeder Vergewaltigung geschützt zu sein. Nur aus diesem Grunde bildeten, fährt der Artikel fort, sich staatliche Gemeinschaften. Man könnte wohl mit demselben Recht sagen, die Civilisation beruhe auf dem Zwange, den der Staat gerade gegen die Freiheit des Einzelnen, zu thun und lassen, was ihm beliebe, anwende; indeß wollen wir uns hier nicht mit Begriffserklärungen quälen.

Der Aufsatz erkennt den Krieg im Alterthum und Mittelalter als berechtigt an, aber beileibe nicht den der Gegenwart. Nun haben wir auf Seite 70—72 dargethan, mit welchem Mißtrauen wir den ethischen Gehalt der jetzigen Civilisation betrachten, und zwar an der Hand geschichtlicher Thatsachen und der Erscheinungen der Gegenwart. Jener Artikel will einen Zustand der Unfreiheit des Individuums dadurch beweisen, daß dasselbe durch eine Einberufung zum Kriege in einen Zustand der Barbarei und Unfreiheit wieder zurückgeworfen werden könne. Es fehle also zur vollkommenen Freiheit das internationale Gesetz und das Tribunal. — Diese Auffassung ist eben eine ganz einseitige, sie ist nur auf den Begriff der Freiheit begründet, von vielen anderen der menschlichen Gesellschaft unentbehrlichen Begriffen, z. B. von dem der Pflicht, ist nicht die Rede. Man hat nicht nur Rechte, sondern auch Pflichten. — Nun ist der Staat allerdings hauptsächlich Mittel zum Zweck möglichst gesicherten Daseins. Aber nicht nur das! Der Staat und das Vaterland, die Heimath sind eins. Seine Ehre, seine Würde sind die meine, wenn ich mich selbst achten will. Die Liebe zum Staate ist daher für uns geboten, sie entspringt dem echten, wahren, menschlichen Gefühl der Anhänglichkeit, der Dankbarkeit, und demzufolge ist es auch ein Moment der Civilisation, den Geboten des Staates zu seiner Vertheidigung zu gehorchen. Dies wirft uns keineswegs in den Urzustand zurück, sondern wir folgen nur dem Gesetz, welches trotz aller Veränderungen auf der Erde seine Gültigkeit stets behalten wird, dem Gesetz des Kampfes. Unsere Civilisation wird dasselbe nicht verbannen, aber sie hat ihm in vieler Beziehung einen milderen Charakter aufgedrückt.

Eine große Anzahl selbstständiger Schriften, — auf die wir natürlich nicht sämmtlich eingehen können — die Friedensidee betreffend, ist in den letzten Jahren erschienen, viele Friedensgesellschaften haben sich gebildet. Da und dort sieht man bedeutende Männer an der Spitze.

Dies im Allgemeinen ein Abriß der Thätigkeit der Friedensmänner.

Werfen wir noch einen Blick auf den Zustand, den ein sogenannter ewiger Friede zeitigen würde.

Der Sozialismus würde keineswegs wie der „Mensch" in

seinem Buche nach Abschaffung der stehenden Heere und Ersparung der hierzu nöthigen Gelder annimmt, verschwinden, sondern er würde sofort und mit einem Schlage siegen. Allerdings sprechen die Friedensfreunde („Die Waffen nieder!" Heft I. S. 13) auch von einer Bundesarmee zur Abwehr gegen barbarische Völker. Dies ist ein sonderbarer Seitensprung aus ihren Lehren heraus. Ob diese „Bundesarmee" von wahren Friedenssoldaten von dem Geiste beseelt sein würde, um dem Umsturz Widerstand zu leisten, ist nach Auflösung aller früheren Ueberlieferungen und Bande gänzlich unwahrscheinlich.

Gesetzt selbst aber, ein lang andauernder Friede würde auf Grund der vorgeschlagenen Institutionen erreicht, so würde der Wegfall eines nothwendigen Entwickelungsmittels, wie es eben der Krieg in der Welt darstellt, einen faulen, traurigen Zustand herbeiführen, den man Gelegenheit gehabt hat, oft an Völkern zu beobachten, welche ihre Stellung in der Welt höchst ehrenvoll ausgefüllt hatten, denen aber durch besondere Umstände ein langer Friede beschieden war.

Nicht zu leugnen ist, daß zuerst Handel und Gewerbe einen großen Aufschwung nehmen würden. Mit dem größeren Reichthum aber würde das Behagen an Wohlleben und Ueppigkeit steigen.

Körperliche Verweichlichung würde um so mehr die Folge sein, als das Hauptmotiv sich abzuhärten, fehlen würde. Alle die nachtheiligen Eindrücke auf Gemüth und Charakter, welche die Sorge für den Erwerb irdischer Güter mit sich bringt, würden in erhöhtem Maße sich einstellen, und von der Predigt der allgemeinen Verbrüderung der Nationen würde ihnen nicht das Gleichgewicht gehalten werden. Die in jedem Menschen und Volke wohnende natürliche That- und Expansionskraft würde kein Genüge finden.

Die Erhebung zu dem Schöpfer aller Dinge, welches die Gefahr, vor Allem der Krieg, für die Mehrzahl der Menschen mit sich bringt, würde verschwinden, die Zuchtruthe der Menschheit — und diese bedarf einer solchen — würde fehlen.

Die Sprüche der Schiedsgerichte würden nicht überall befriedigen, wie ja auch jetzt diese oder jene politische Partei die Urtheile der Gerichte im eigenen Lande verwirft; ein unfruchtbares Parteigetriebe würde sich, ohne die Existenz des großen Einigungsmotives: der Krieg, fessellos entfalten; der Muth würde an Achtung verlieren, die Geriebenheit und Schlauheit die Oberhand erhalten, und die Folge aller dieser sich in dem todten Sumpfe eines solchen Friedens entwickelnden Miasmen würde ein furchtbarer Ausbruch sein — der Krieg eine Erlösung.

So kann es Graf Moltke nur angesehen haben, als er vor zwölf Jahren schrieb: „Der ewige Friede ist ein Traum und nicht einmal ein schöner."

Kein „Königliches Geschlecht"*) würde aus ihm hervorgehen, sondern ein Geschlecht ohne Saft und Kraft, ohne geistige Erhebung und körperliche Tüchtigkeit.

Das würde ein Geschlecht werden, wie das der in einem achtzigjährigen Frieden verkümmerten Venetianer, die sich zu keinem Entschluß in dem Kriegsungewitter aufraffen konnten, das sich 1796 unter Bonaparte in Italien entlud, und denen der neue Cäsar, als er sie, trotz vollständiger Unterwerfung unter seinen Willen, an Oesterreich überlieferte, das verächtliche Wort zudonnerte: „Ce sont des lâches, eh bien! qu'ils fuient, je n'ai plus besoin d'eux!"

Und ein neuer Cäsar oder eine Eroberungsmacht würde sich, trotz Schiedsgerichte und internationaler Bundesverhältnisse, in dem vorhin erwähnten Falle der Auflehnung gegen einen Schiedsgerichtsspruch, ganz sicher finden und um so leichteres Spiel haben, je weiter unkriegerisches Wesen und entnervendes Wohlleben um sich gegriffen hätten.

XI.
Was können wir erreichen?

Aber, werden die Friedensapostel fragen, wo bleibt bei dir die Liebe zum Nächsten, zur Menschheit, Christi höchstes Gebot?

Die Liebe kann sich eben in irdischen Dingen nur beweisen innerhalb der Grenzen, welche uns durch unsere menschliche Eigenart gesteckt sind. Wir sollen nach der Vollkommenheit streben, aber wir können es nicht, indem wir uns bemühen, ein Element unseres Daseins von uns zu werfen.

Hiermit jagen wir Unerreichbarem, ja sogar Schädlichem nach.

---

*) Zeitschrift „Die Waffen nieder!" Heft 1. S. 2.

Auf das Wort: Anstatt, daß Ihr Euch bemüht, den Opfern des Krieges wohlzuthun, macht doch besser keinen Krieg! — brauchen wir nach den vorhergehenden Kapiteln nicht mehr einzugehen. Wohl aber können wir erklären, daß wir, abgesehen von dem Privatleben, auch unter Nationen keinen Haß predigen wollen.

Die Predigt der allgemeinen Menschenliebe ist nicht unvereinbar damit, daß man sich die augenblickliche Lage, in welcher der Staat sich befindet, klar macht, die Zwistigkeiten erwägt, welche in und zwischen den Völkern stattfinden und kräftig seine Partei ergreift, wie es die Friedensmänner in ihrer Sache auch thun. Aber man kämpft auch nicht immer mit lauterer Wahrheit von jener Seite. Es ist nicht wahr z. B., daß in Berlin, wie unsere Feinde sagen, nur dem kriegerischen Verdienst und dem Heldenthum gehuldigt wird. Wir ehren die Göttin, die uns groß gemacht, aber haben Goethe, Schiller, Lessing, die Humboldts, Thaer, Gräfe keine Statuen bei uns?

Die Friedensmänner weisen stets darauf hin, daß viele Ideen in der Entwickelung der Menschheit durchgedrungen sind, deren Verwirklichung man früher als absolut unmöglich hinstellte, so z. B. die Aufhebung der Sklaverei. Ebenso werde es auch mit ihren Ideen gehen.*) Das ist nun eine sehr billige Behauptung, die auf der willkürlichen Annahme beruht, daß ihre Ideen die richtigen seien. Diesen Glauben haben sehr viele Sekten gehabt, deren Lehren sich später als nicht zutreffend und undurchführbar erwiesen haben. Die Sozialdemokratie zeigt ganz dieselbe Zuversicht. Alle die großen Veränderungen, welche sich in der Entwickelung des Menschengeschlechts vollzogen haben, verstießen nicht gegen ein Naturgesetz, wie es der Kampf ist. Dies ist der große Unterschied zwischen den politischen und bisher vollzogenen sozialen Reformen und den Bestrebungen der Friedensmänner.

Es ist im Uebrigen mit der zeitweisen Verwirklichung irgend einer Idee noch gar nicht erwiesen, daß dieselbe wirklich heilsam sei, denn sie kann sich vielleicht auf die Dauer in ihren Wirkungen und Folgen als sehr schädlich zeigen und kann dann baldigst wieder aufgegeben werden. So ist es eine große Frage, ob man in der Verwirklichung der politischen Gleichheit auf die Dauer etwas Heilsames erkennen, ob man bei ihr verharren wird. — Die politische und

---

*) Diese Behauptung macht sich sogar eine jüngst erschienene militärische Veröffentlichung zu eigen.

persönliche Freiheit kann Niemand höher schätzen als wir; aber die politische Gleichheit*) hat ihre volle Probe noch nicht bestanden. Ein Stück Wahrheit steckt freilich in jeder zu größerer Verbreitung gelangten Idee. Dieses Stück gilt es zu realisiren.

So bemüht man sich seit der 1881 erklärten Absicht der sozialen Reform in Deutschland, die begründet erscheinenden Beschwerden des Handarbeiterstandes, die aufgedeckten wirklichen Uebel durch die Gesetzgebung möglichst zu beseitigen, was freilich als Armseligkeiten meist schnöde zurückgewiesen wird. Der richtig erscheinende Kern der Friedenslehren ist unzweifelhaft die Liebe zur Menschheit, wenn auch oft genug Haß gegen das Heldenthum im Gefühl des eigenen Mangels an Thatkraft und andere unsauberen Ursachen diese Bestrebungen fälschen mögen.

Die humanen Gefühle aber wollen wir ebenfalls und können sie, auch ohne die Idee des ewigen Friedens, pflegen.

Dies soll sich beweisen, indem wir unserer Jugend wahre Gesittung und Ritterlichkeit einflößen, indem wir nach Erweiterungen des Völkerrechts im Sinne der Humanität streben, indem wir die Erleichterung der Lasten des Krieges durch möglichste Schonung des Privateigenthums so weit anstreben, wie es mit der Ernährung der Armee vereinbar erscheint. Wir werden dies nur so weit ausführen können, als es der Energie der Kriegführung der Gegenwart nicht Abbruch thut, denn ohne Energie keine schnellen Entscheidungen, sondern ein Hinschleppen des Krieges, welches die Leiden desselben nur verlängert und vergrößert.

Wir können die Liebe walten lassen, indem wir die gewissenhafte Innehaltung der Bestimmungen der Genfer Konvention unsere Leute lehren und sie überall fordern und den Mißbrauch, welcher schon 1870 da und dort mit ihr getrieben wurde, bestrafen. Wir können von Staatswegen die Sanitätsanstalten vergrößern, wir haben nach dem Beispiel der Lebensgefährtin unseres großen Kaisers und anderer edlen Frauen und Männer die größtmögliche Ausbreitung des Systems der freiwilligen Hülfeleistung anzustreben, das Zeichen wahren Samariterthums.

Wir haben endlich durch staatliche ausreichende Unterstützung für die Familien der einberufenen Streiter zu sorgen und durch

---

*) Die Gleichheit vor dem Gesetz im Straf- und Civilprozeß ist hiermit nicht gemeint.

ausreichende Pensionen für die Hinterbliebenen der Gefallenen und für die Unterstützung der verstümmelten und arbeitsunfähig gewordenen Soldaten.

Wenn auch in allen Kulturstaaten hierfür sehr viel geschehen ist, so bleibt noch Manches zu thun übrig.

Alles das kostet Geld, das ist keine Frage, und insofern sind neue Lasten die Folge auch größerer Liebesthätigkeit. Diese Lasten, welche ja hauptsächlich im Kriege eintreten, zu verringern, giebt es ein größtes und letztes Mittel, das heißt der Mißbrauch des Krieges muß verschwinden — soweit dies möglich ist. Eine Bürgschaft hierfür wird es auch nie geben, ebenso wenig wie für die gänzliche Vermeidung des Krieges, denn wir sind und bleiben auch in der wahrsten und reinsten Civilisation Menschen, behaftet im Einzelnen und in der Gesammtheit mit den Lastern, Schwächen und Unvollkommenheiten aller Art, welche die Natur in uns gelegt hat.

Es würde keinen Werth haben, hier eine Anzahl allgemeiner Grundsätze angeben zu wollen, durch deren Befolgung die Staaten eine gewisse Bürgschaft erlangen könnten, an ihrer Spitze Männer zu sehen, deren politische Einsicht sie befähigen würde, die ultima ratio regum et populorum ohne Mißbrauch anzuwenden, wir können aber in Deutschland, Italien und Oesterreich mit Recht sagen, daß seit 1871 diese Forderung erfüllt worden ist. — Man kann also vielleicht erreichen, daß die Kriege seltener werden, falls — solche Einsichten überall obwalten.

Auch Moltke spricht in einem in noch jugendlichem Alter verfaßten Aufsatz die Ansicht aus, daß die Kriege seltener werden könnten, und im Allgemeinen scheint es so, als ob diese Ansicht sich verwirklichen sollte. Die Anzahl der Kriegsjahre des 19. Jahrhunderts ist wohl geringer als im 18., aber andererseits muß man beachten, daß die Wehrverfassungen der Gegenwart tiefer in das bürgerliche Leben eingreifen als früher. Im 19. Jahrhundert gab es seit 1815 mehr lokalisirte Kriege, wie die polnischen und ungarischen Feldzüge 1830, 1848/49, die dänischen Kriege, der Krimkrieg, der italienische Krieg 1859 beweisen; auch 1866 und 1870 waren, obschon große, doch lokalisirte Kriege.

Man soll Bestrebungen der Humanität pflegen, die auf realem Boden stehen, nicht Lehren predigen, welche nur geeignet sind, die Begriffe zu verwirren, ohne in Wirklichkeit etwas zu erreichen.

XI.
Rückblick und Zusammenfassung.

Der Kampf ist ein Naturgesetz.

Der Krieg ist der erweiterte Kampf zwischen Staaten, oder Parteien im Staate (Bürgerkrieg).

Der Krieg hat Leiden und Uebel im Gefolge, er selbst ist nich ein „unvermeidliches Uebel", sondern er ist ein umgänglich noth wendiges Element unseres Daseins, er ist der „Beweger des Menschengeschlechts", in vielen Fällen ein absolut nöthiger Heilungsprozeß.

Der Krieg hat helle und dunkle Seiten wie jedes andere irdische Ding; er erzeugt Laster und Tugenden, Böses und Gutes, Schädliches und Nützliches, keineswegs aber Böses und Schädliches allein.

Der Krieg erzeugt die Tapferkeit (Muth), die gegenseitige Hülfeleistung, die Ehre in höchster Potenz, die Aufopferung, die Selbstüberwindung; er ist der Vater des Gehorsams, der Disziplin, welche auch im Staatsleben von großer Wichtigkeit ist; er befördert die Dankbarkeit und Pietät und macht in seiner Furchtbarkeit die Gemüther der Menschen empfänglich für den Gedanken an den Allmächtigen.

Der Krieg und die aus ihm geschöpften Erfahrungen wirken auch im Frieden ein, indem er uns lehrt, unsere staatlichen Einrichtungen dauerhaft zu gestalten, weil nur solche sich in äußeren und inneren Stürmen bewähren, unsere Jugend so zu erziehen, daß sie den Staat und das Vaterland liebt, und daß sie körperlich und geistig ihres Landes würdig ist.

Der Krieg ist nicht wider das Sittengesetz, denn er ist in der Natur der Menschheit begründet; der Mißbrauch des Krieges aber ist wider das Sittengesetz.

Der kriegerische Geist besteht in dem Bewußtsein des Volkes, allen Feinden körperlich und geistig gewachsen zu sein, und in der Freude an der That.

Der militärische Geist besteht in der Freiwilligkeit der Unterordnung, der guten Kameradschaft, der willigen Ausdauer in Ertragung der Beschwerden des Krieges.

Der kriegerische Geist ist nicht zu verwechseln mit dem chauvinistischen, welcher eine Ausartung desselben darstellt.

Die edelste und herrlichste Frucht des Krieges ist das **Heldenthum**.

Die machtvollste Erscheinung des Krieges ist das **Feldherrnthum**. —

Ein Volk, welches das Heldenthum nicht mehr verehren und lieben, das Feldherrnthum nicht mehr bewundern und verstehen kann, hat keinen kriegerischen Geist und ist im Niedergange.

Ohne Krieg ist eine Ausbreitung der Civilisation und Kultur in Welttheilen, wie Afrika z. B., nicht denkbar.

Der Krieg dient zur Lösung von Zwistigkeiten in Lebensinteressen der Völker und von Prinzipienfragen, in denen unübersteigliche Gegensätze sich gegenüberstehen.

Der Krieg richtet allerdings zeitweise Zerstörungen an, er ist aber der Erzeuger vieler Industriezweige, er giebt den Antrieb zu Erfindungen und zur Vertiefung vieler Wissenschaften. Der Krieg erweitert den Gesichtskreis der Völker.

Aus dem Kriege und dem Heldenthum nimmt die Kunst so viele Motive, daß — insbesondere in der Dichtkunst — die empfindlichste Lücke entstehen müßte, wenn man einen ewigen Frieden als möglich annähme, oder wenn die Liebe und Verehrung des Heldenthums aufhörte.

Der Waffendienst ist eine zweite Volksschule, er verdummt keineswegs, wie die Friedensmänner behaupten, sondern gewöhnt den Mann an andere Verhältnisse, an Ordnung, Pünktlichkeit und Reinlichkeit, kräftigt ihn geistig wie körperlich.

Der Krieg nimmt verschiedene Gestalten an, je nach Ort, Zeit, Mittel, Ursachen.

Die Bezeichnungen: Kabinets- und Nationalkriege sind nicht immer ganz zutreffend. Die Merkmale des einen sind auch manchmal bei dem anderen vorhanden und umgekehrt.

Die Kriege der Gegenwart sind im Allgemeinen Nationalkriege, denn sie werden nur um Lebensinteressen der Völker und mit Aufgebot der Volkskraft geführt.

Die Sozialdemokraten bezeichnen den Krieg als Massenmord, Schlächterei, das Feldherrnthum als Kunst des Massenmordes, die Berufssoldaten als Barbaren und Massenmörder.

Ihr Zweck ist hierbei die Auflösung der Diszipli̇n des stehenden Heeres, um den Umsturz schneller verwirklichen zu können.

Die Friedensmänner treibt ein edleres Motiv, wenn auch sehr viele Umsturzmänner unter ihnen sind; sie haben sich aber dieselbe Sprache angewöhnt. Heldenthum, Feldherrnthum, Soldatenthum werden nach Kräften heruntergesetzt.

Sie kämpfen (vergleiche die obigen Sätze) für ein unmögliches Prinzip. In allen Agitationen und Friedensversammlungen läßt sich unter den außerdeutschen Mitgliedern ein Deutschland feindseliges Walten häufig erkennen.

Der Föderalismus zwischen unabhängigen Staaten — wie ihn Saint Pierre und Kant vorschlagen — kann Kriege nicht verhindern. (Schweizer Sonderbundskrieg; amerikanischer Sezessionskrieg; Krieg von 1866; Bürgerkriege in verschiedenen Ländern.)

Noch weniger würden dazu internationale Schiedsgerichte im Stande sein. (Vergleiche Seite 91 und folgende.)

Ein „ewiger Friede" würde die Welt eines nothwendigen Bewegungs- und Entwickelungsmittels berauben, daher sehr bald zur Stagnation, Verderbniß und einem blutigen Ausbruch führen.

Schluß.

Wir sprechen es noch einmal aus: nicht deshalb haben wir diese Schrift verfaßt, weil wir glaubten, daß die Bemühungen der Friedensmänner und die Reden der Sozialdemokraten den Krieg aus der Welt schaffen könnten, denn der Krieg ist ein Urelement, das sich die Alten als Gottheit vorstellten, wie die Sonne, das Wasser, das Feuer, die Liebe. Man könnte vielleicht hierzu bemerken: Wenn Du dieser Ansicht bist, dann könntest Du dies immerhin humane Thun der Friedensapostel ruhig gewähren lassen. Wir wollen sehen, was daraus wird. — Dies wäre schon ganz gut gesprochen, aber der falschen Einwirkung auf das Empfinden und das Begriffsvermögen unseres Volkes und somit der Verminderung seiner moralischen Kraft entgegenzutreten, wie sie sich durch die Lehren der Sozialdemokratie und Friedensmänner, im Verband mit dem Hange zum Wohlleben und einer materialistischen Weltanschauung, auf die

Dauer ergeben würde, das ist eine Nothwendigkeit, und das ist der Zweck unserer Arbeit. —

Mit seichtem Spott, wie er oft gegen den Gegner gebraucht wird, mit einfachem Verneinen ihrer Behauptungen ist nichts gethan.

Eine Klarlegung der Unhaltbarkeit der mit so großem Selbstbewußtsein vorgetragenen „Friedenstheorie" erschien uns die beste Bekämpfung.

Und endlich galt es einmal dem schändlichen Wort der „Massenschlächter" ein anderes Bild gegenüberzustellen.

Ich bin darauf vorbereitet den Einwand zu hören, daß ich als Soldat pro domo schreibe und eine einseitige Anschauung der Dinge zur Geltung brächte. Gehöre ich ja doch auch zu den „Schlächtern" und „Massenmördern" der großen Epoche Wilhelms I.

Wer kann denn aber über das Wesen des Krieges, über das Empfinden des Menschen in ihm, über seine Einwirkungen auf die menschliche Natur das beste Urtheil haben? Doch nur derjenige, der ihn gesehen hat, und der das Erlebte durch Nachdenken verarbeiten kann. —

Somit, Ihr alten Kämpfer, Kameraden unseres großen unvergeßlichen Kaisers und Feldherrn, sehet auch fürder mit Stolz auf die Ehrenzeichen auf Eurer Brust, die eisernen Zeichen eines eisernen Geschlechtes. Seid ein Damm gegen den Umsturz und ein Beispiel der Jugend.

Deutsche Jugend, bewahre Dir die Ideale im Herzen, denen Du nacheifern sollst, den Königen im Reiche jedes Heldenthums, den Luther, Friedrich, Lessing, Goethe, Schiller, Fichte, Stein, Blücher, Wilhelm, Bismarck, Moltke; entäußere Dich nicht der Thatkraft zu Gunsten jener Lehren, welche Glückseligkeit versprechen und Menschlichkeit predigen, Dich aber zur Verweichlichung und Entnervung führen würden.

Und die deutschen Frauen — an sie wenden sich vielfach die Männer des Umsturzes und die Friedensapostel und rufen ihnen zu: „Was steht Euch wohl besser an als Liebe, Barmherzigkeit, Abscheu vor dem Massenmord? Die Zukunft ruht bei der Erziehung durch die Mütter!"

Gewiß, die deutsche Frau soll ihre Kinder nicht zum Haß,

sondern zur Liebe, aber auch zur Liebe für Heimath, Heimathsstätte und zur Aufopferung für's Vaterland erziehen und wenn die Stunde des Opfers für sie selbst kommt, soll sie groß im Ertragen sein.

> „Des Namens Erbe, den er sich erwarb,
> Sollst trachten Du dereinst nach gleichem Adel
> Und sterben, muß es sein, so wie er starb,
> Stets ohne Furcht und Tadel!"

Das sind die Worte, welche in „Lebenslieder und Bilder"*) die Wittwe des Gefallenen zu ihrem Sohne spricht; das sagt ein Dichter, der Franzose und Deutscher zugleich, ein echter Kosmopolit, von wahrster Menschenliebe erfüllt war; so läßt er ein Frauenleben ausklingen im Untergange des Gatten, in der Poesie des Heldenthums.

Und nun stellt neben solche Worte, denen man unzählige andere von den geistig Großen aller Völker hinzufügen könnte, die cynische Beschimpfung des Heldenthums einerseits, die Predigt der Erschlaffung und Verweichlichung andererseits, die sich für den hohen Gang der Freiheit und kommenden Glückseligkeit ausgiebt!

Die Wahl kann nicht schwer sein. —

Der gegenwärtige Zustand wurde durch die Vergeltungspolitik Frankreichs und durch den unter allgemeiner Zustimmung erfolgten Verzicht Deutschlands auf einen Angriff herbeigeführt.

An eine Verminderung der militärischen Lasten könnte erst nach Durchkämpfen eines großen Krieges gedacht werden und zwar immer nur insoweit, daß die durch die politische Lage entstandene unnatürliche Anspannung beseitigt würde. Dagegen müßten die Heereseinrichtungen stets derart beschaffen sein, daß die volle Wehrhaftigkeit des gesammten Volkes erhalten bliebe, denn es können zwar lange Friedensperioden eintreten, immer aber werden wieder politische Fragen auftauchen, für deren Entscheidung schließlich Berufung an die Waffen eingelegt werden muß.

Unser Volk hat vor einem Vierteljahrhundert das Glück gehabt, durch seltene Männer zur politischen Größe geführt zu

---

*) Chamisso. Gedichte S. 160.

werden. Aber es können Zeiten der Prüfung kommen, welche wir nicht bestehen würden, wenn wir uns nicht des Heldenthums bewußt geblieben sein sollten.

1806 niedergeworfen, erhoben wir uns 1813; 1850 gedemüthigt, sahen wir die große Zeit Wilhelms I.

Möchten wir auch in Zukunft stets das Wort auf uns anwenden können:

Magna populi Romani fortuna, sed semper in malis major resurrexit!

Gedruckt in der Königlichen Hofbuchdruckerei von E. S. Mittler & Sohn,
Berlin SW., Kochstraße 68—70.

Berichtigungen.

Seite 32 Absatz 2 Zeile 6 lies „ist" statt „sind".
„ 51 „ 2 „ 2 „ „wird" statt „werden".
„ 54 „ 2 „ 4 „ „denn" statt „dann".
„ 70 „ 6 „ 4 „ „Repräsentativverfassung" für „Repräsentationsverfassung".

www.ingramcontent.com/pod-product-compliance
Lightning Source LLC
Chambersburg PA
CBHW020131170426
43199CB00010B/720